望月衣塑子
&特別取材班

「安倍晋三」大研究

原作・佐々木芳郎
画・ぼうごなつこ

KKベストセラーズ

「安倍晋三」大研究

望月衣塑子＆
特別取材班（佐々木芳郎）

安倍政権のもとでは、国会の議論が
軽視され、空洞化している……。

まえがき

「あそこのサンゴは全て移していますから……」

二〇一九年一月六日放送のＮＨＫ「日曜討論」。二〇一八年一二月一四日から始めた辺野古沖の土砂投入について、司会者から「環境への配慮はしているのか」と促された際、安倍晋三首相はこう発言した。ツイッターなどネット上では直後から「サンゴってもう全部移していたっけ？」などと疑問の書き込みが相次いだ。「全部だったかな？」うろ覚えのニュースだったが、私も少しひっかかった記憶がある。

翌日、琉球新報が検証記事を配信する。実際は、埋め立ての海域全体で七万四〇〇〇群体のサンゴ移植が最低限必要と言われていたが、県の許可を得て防衛局が移植を終えているのはわずか九群体だった。完全な事実誤認である。しかし、首相は発言の撤回はせず、一月三〇日の衆院本会議で「南側の埋め立て海域に生息する保護対象のサンゴは移植した」と言い換え、事実上、発言を修正した。

私が沖縄で取材して驚いたのは、首相や首相秘書官たちがＮＨＫの収録前に、サンゴの移植の状況を沖縄防衛局に問い合わせたり、資料を用意させたりする準備を全くしていなかったことだ。防衛局は野党のヒアリングに「過去に辺野古埋め立ての説明で、（サンゴ移植に）触れたことがあったかもしれない」という曖昧な説明を繰り返した。

埋め立てが進む大浦湾には、三〇〇〇〜五〇〇〇年もの時間をかけて生成されるといわれる、五〇×三〇×一四《メートル》の巨大なアオサンゴがあり、埋め立てによる破壊が懸念されている。〝海の貴婦人〟の意味を持つ絶滅危惧種ジュゴンは、二〇一四年に埋め立てのボーリング調査が始まって以降、辺野古崎のウミクサモバ（藻場）で食《は》み跡が確認されなくなり、二〇一八年九月以降は行方が分からなくなっていたが、二〇一九年三月に一頭が死骸で発見された。

世界に類を見ない豊かな自然と希少なサンゴに囲まれた平和な沖縄がいま、政府によっていかに破壊されているか。この状況を安倍首相はどこまで知り、考えているのか。問題とされた日曜討論は事前収録だった。恐らく首相サイドは番組で聞かれる質問も事前に知っていただろう。なのにあの回答である。非常に軽い気持ちで答えたのではないか。〝意図的〟に事実を誤認したのであればより悪質である。

なぜ、安倍首相はこうも簡単に〝嘘〟をつき続けるのか。その自覚がそもそも本人にあるのか。本書の出発点は、私が抱いたこんな素朴な疑問からだった。

第一章は、写真家の佐々木芳郎氏が、国立国会図書館などで集めた膨大な資料を基に、安倍首相が岸信介首相の孫として生まれてから第一次安倍政権を終えるまでを描き、政治風刺の漫画をエネルギッシュに発信し続けている、漫画家ぼうごなつこさんが画を完成させた。

甘えん坊だが、決して人前で泣くことのなかった幼少期、父・晋太郎への反抗をみせた中学時代、尊敬する祖父・岸信介が世間で悪人呼ばわりされることに不満を募らせた高校から大学時代。米国への短期留学を経て、神戸製鋼に入社するも父の外相就任と同時に秘書として呼ばれ、政治家を志すことになった新人時代。その後、〝拉致問題の安倍〟として名を馳せ、戦後最年少の総理大臣に就任するも、一年で首相を辞任せざるを得なくなったことまでの流れを、わかりやすく、時に刺激的に描き出している。

また、首相の育ての親、乳母の久保ウメさんに何十時間もの取材を重ねたジャーナリスト野上忠興氏には首相の幼少期から現在までを語って頂き、いまの政権を読み解く鍵を教えてもらった。

第二章「最強首相・安倍晋三を考える」では、「ご飯論法」などで、印象操作と論点ずらしを重ねる〝安倍話法〟について分析した。「戦後レジームからの脱却」を謳い、改憲を推し進めようとしてきた首相の歴史認識、自衛隊や戦術核への持論など、過去の首相の国会での発言やインタビュー、大学での講義などの記事を参考に分析した。

さらに、気鋭のジャーナリスト山岡俊介氏と寺澤有氏には、安倍事務所の秘書から選挙妨害を依頼されたのに報酬を十分得られなかったとして、元建設会社社長が首相の邸宅に火炎瓶を投げさせた事件について語ってもらった。逮捕された元社長らへの取材を重ねた山岡氏には、入手した資料などとあわせて、事件と首相本人との関係を語ってもらった。

第三章では、「民主主義と安倍政権」とのテーマで、哲学者、教育者であり武道にも精通する内田樹氏に「首相はなぜ、〝嘘〟をつくのか」「自国より何故、米国の国益を優先するのか」「〝安倍マイレージ〟に奔走する記者や官僚たち」などのトピックスについて解説してもらった。

最後は特別インタビュー。森友学園の籠池泰典元理事長、妻の諄子さんに「いまだから、話せること」とのテーマで、事件発覚以降、安倍首相との決別から現在に至るまでの思い、八億円値引きの国有地売却を巡る事件の裏側、故・鴻池祥肇議員のコンニャク会見の真相、昭恵夫人と安倍首相の〝嘘〟とはなにか、三〇〇日を超える拘留生活のなかで考え続けたこと、裁判への思いについても話してもらった。

なぜ、安倍政権はこうも長く続くのか、安倍首相とは一体、何者なのか。首相を支える日本社会の変質、政治やメディアの在りようについて、本書を手に取った読者の方々が様々な視点で、考える契機となることを願います。

最後に校閲や校正含め、本の出版に尽力された編集者の原田富美子さん、膨大な資料を読み解いて分析し、取材に奔走された佐々木芳郎氏、〝晋ちゃん〟漫画を描き切ってくれた漫画家ぼうごなつこさん、取材に応じて頂いた野上忠興氏、山岡俊介氏、寺澤有氏、前川喜平氏、内田樹氏、籠池泰典氏、籠池諄子さんには、重ねて心から感謝を申し上げたいと思います。有り難うございました。

二〇一九年四月九日

東京新聞記者　望月衣塑子

望月衣塑子＆特別取材班「安倍晋三」大研究　目次

Interview

政治ジャーナリスト 野上忠興氏に訊く！

第二章

最強首相・安倍晋三を考える……127

～安倍話法と安倍史観～

Interview

元文科省事務次官　前川喜平氏に訊く！

第三章

民主主義と安倍政権

思想家・内田樹氏に訊く！

Special Interview

元森友学園理事長・籠池泰典&諄子夫妻に訊く!「いまだから、話せること」……297

第一章

まんが・安倍晋三物語

〜誕生から、第一次安倍内閣総理大臣辞任まで〜

原作◉佐々木芳郎　画◉ぼうごなつこ

Interview

政治ジャーナリスト 野上忠興氏に訊く!
「安倍晋三とは何者なのか？」

政財界に広がる華麗なる安倍家の閨閥

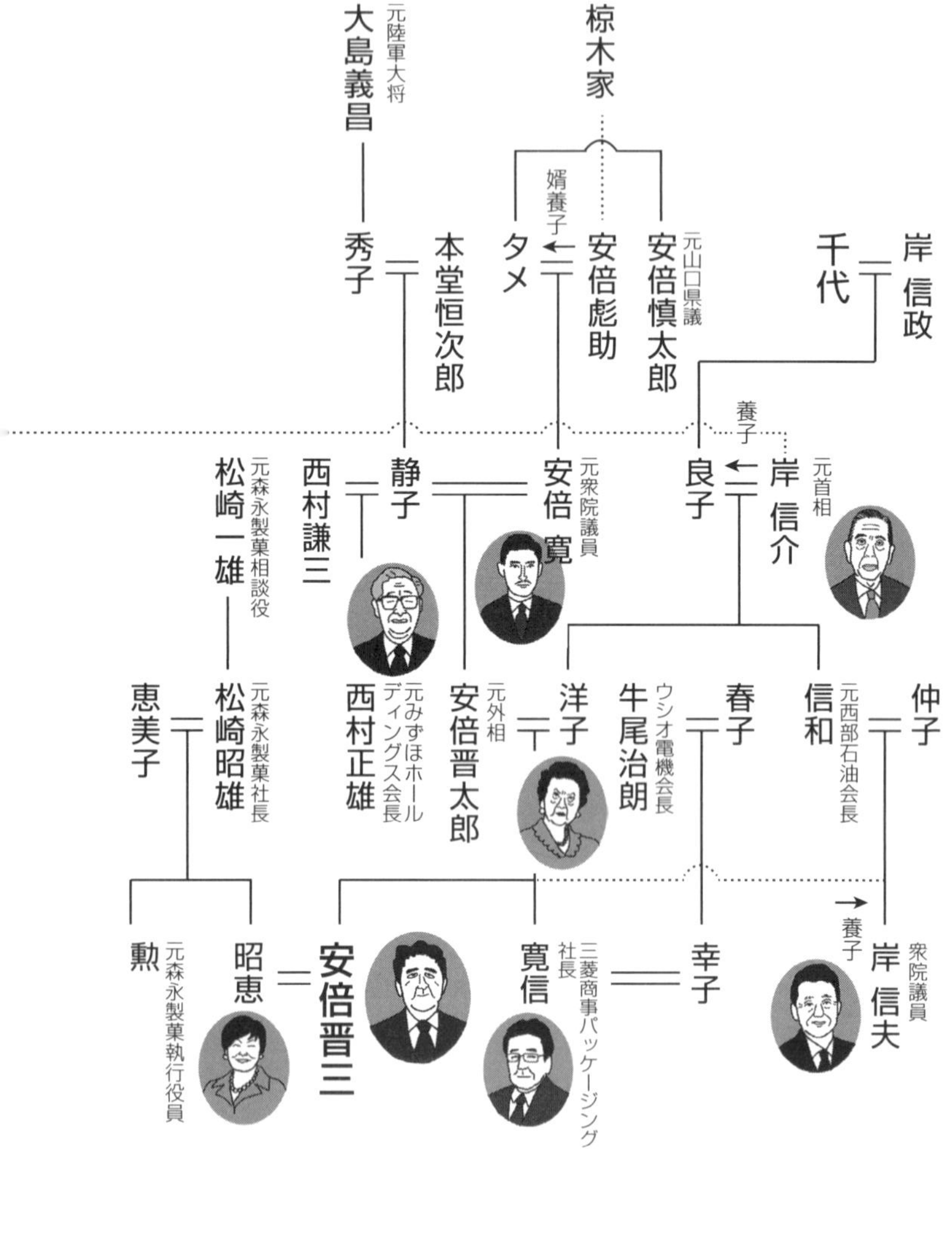

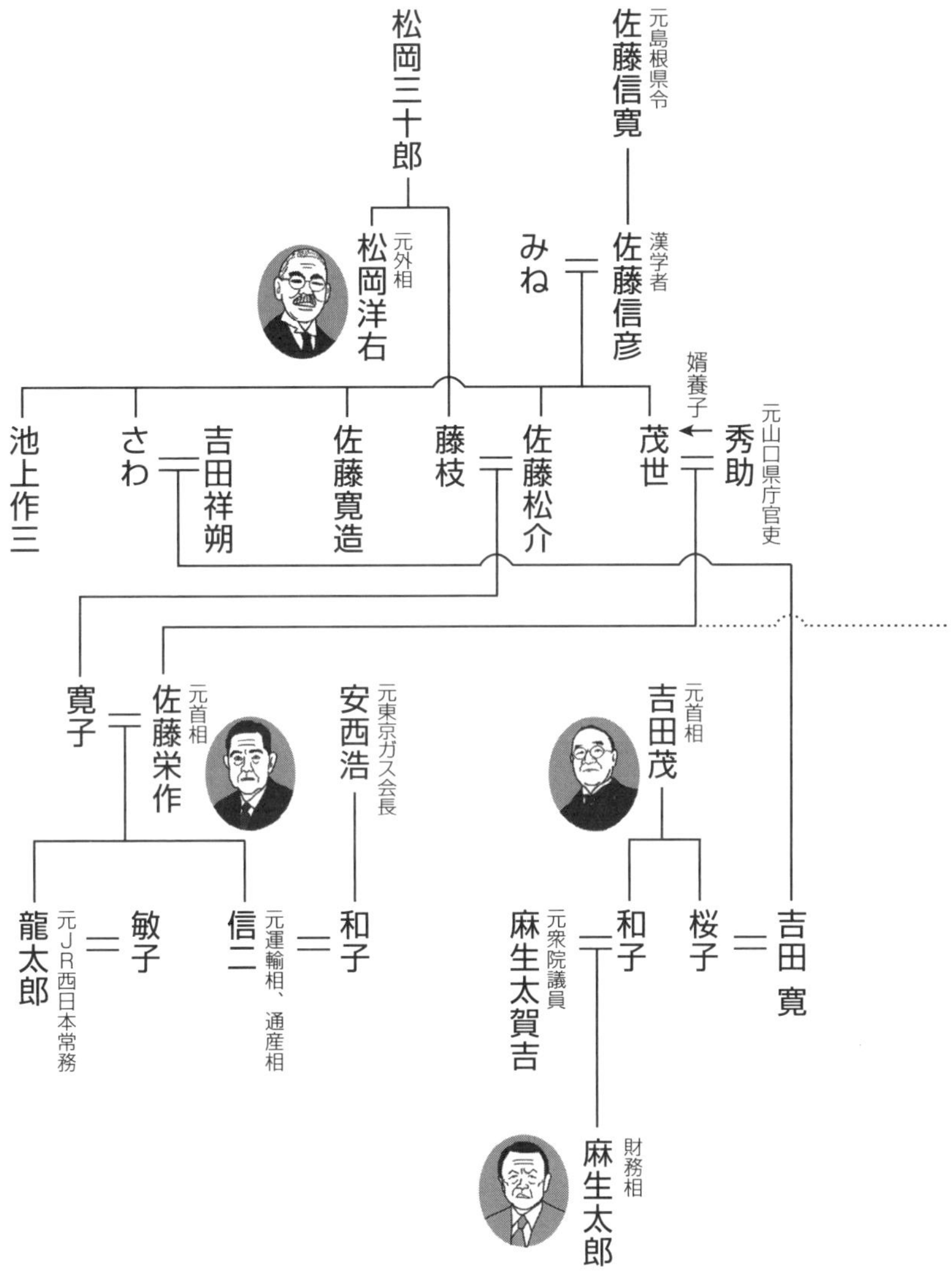

元島根県令
佐藤信寛
松岡三十郎
漢学者
佐藤信彦
みね
元外相
松岡洋右
婿養子
元山口県庁官吏
秀助
茂世
佐藤松介
藤枝
佐藤寛造
吉田祥朔
さわ
池上作三
元首相
佐藤栄作
寛子
元東京ガス会長
安西浩
元首相
吉田茂
龍太郎
元JR西日本常務
敏子
信二
元運輸相、通産相
和子
元衆院議員
麻生太賀吉
和子
桜子
吉田寛
財務相
麻生太郎

一・未来の大宰相誕生～岸信介の孫に生まれて～

晋三の祖父・岸信介は
1936年満洲国へ赴任
産業開発五ヵ年計画の実行と
日本産業（日産）の満洲国誘致
を推し進めた
満洲国は私の作品
政治資金は
濾過器を通せばきれいになる
しかし産業開発五ヵ年計画が
「作品」の表の顔だったとすれば
裏の顔はアヘン政策だった。
岸はアヘンと直接関わる
総務庁専売総局をつくり
裏では特殊会社を多数設立
この金を浄化したともいわれる
戦費のために人々を
アヘン中毒に追い込む―
それが満洲国の実態だった
ようだ
敗戦により岸は A級戦犯被疑者として逮捕される しかし1948年に釈放
晋三の誕生した時期は 戦後の岸信介が権力の階段を駆け上がっていく時期に重なる
1957年
内閣総理大臣
1956年
石橋内閣外相
自由民主党結成で
初代幹事長に
1954年晋三誕生
1953年
国政に復帰
1948年
釈放
1945年
A級戦犯被疑者として
巣鴨プリズンに収監
岸のスピード出世に伴い
安倍家の状況も一変した
父・晋太郎は総理秘書官へ
1958年には総選挙へ出馬
連日のように深夜に帰宅
母の洋子は
夫の選挙のために
地元の下関に張りついていた
晋三が甘えたい盛りの
時期に両親が不在がちだった
家庭の事情があったこと
幼心に感じていた孤独が
隠されていたことは
ほとんど語られていない

さてここで
安倍家の日常を間近で
見てきた生き証人に
ご登場いただきましょう
両親に代わり
安倍兄弟が成人するまで
世話をした
晋三の乳母兼養育係だった
久保ウメさんです
岸　安倍両家に
40年仕えてきました
ウメは大正14年8月6日生まれ
幼少の一時期を東京千代田区の
名門・麹町小学校に通う
小学6年生の夏に盧溝橋事件が勃発し
卒業と同時に戦争が始まりかけて
いたので山口県に戻り
長門の県立深川女学校へ進学
油谷町では幼稚園の
先生をしていた
若い頃は証券会社に
勤めていたことも
あったんですよ
ウメは晋三が生まれる前から
東京・南平台にあった岸邸に住み込んでいた
そして岸家から安倍家に移り住み
晋三の世話を始めたのは2歳と5カ月のときである
岸信介さんがこんなことを
言ったことがあるんです
ウメさん 晋三は跡を継いで
くれるかな？
そうしたら
僕、パパのあとをやるよ
…って
パパのお仕事がわかりもしないのにですよ
あの人　その頃から口にはしていたわね
祖父の期待に幼い晋三は
見事に応えて
喜ばせようとしたんですね

いつかはね
私が経験したことを本にでも
まとめてみたいわね
実は
ウメの話が本になれば
大変と一番考えたのは
安倍晋三よりも…
母の洋子でした
戦友のウメさんは、
父 信介の代から全てを
知り尽くしているから…
政治は
金がかかるんだな
金庫にあったお金が
一晩ですっからかんだ
…って言うのよ
南平台のお屋敷には
土蔵があってね
そこに大きな金庫があったの
私なんかも玄関で
岸先生に
お渡しください
…って
菓子箱を渡されるんだけど
重さでそれが何なのかわかる
からすぐに奥へ持っていってね
お金はCIAからの
政治資金だったのかも⁉
1956年に岸・石橋が
決選投票にもつれこんだ
総裁選のときのお金かなあ

今では母洋子が
自著で語ったことで
世間に知れわたりましたが
晋三には兄以外にも
養子に出された弟がいました
兄弟秘話ですね
おじいちゃま（岸信介）との約束で
洋子さんの3番目の子が
男の子だったら岸家に養子に出す
女の子だったら出さない
っていう話になっていたの
安倍家には男の子が
寛信と晋三と2人いたので
3人目は女の子が欲しかったのね
外で、ちっちゃい女の子なんか見るとねー
連れて帰りたいわあ
なんて冗談言ってみたりね
女の子なら
養子に出さなくてすむしね

いよいよ子どもができたとなってね
生まれるのはいつごろかという話でね
両家の間でもし女の子だったら
どうしようと落ち着かないんですよ
安倍家
岸家
だけど双子も
そうそうできないですからね
私がお留守番してると…
ジリリリリリリ
病院から電話で
坊ちゃんでした
首が長くなるほど待っていてね
やっぱり岸のほうは欲しいでしょ 跡とり
命名
信夫!!
もう おじいちゃまが名前は『信夫』って
初めから考えてらしたんだわね
ちなみに岸信夫の現在は
自民党所属の衆議院議員
衆議院安全保障委員長
自民党山口県支部連合会会長です

二・寂しがりやだった幼年時代

1960年
国会前には安保反対の
デモ隊が連日押し寄せていた
南平台の岸信介邸も
デモ隊に囲まれた
安保の頃は晋ちゃんがまだ5歳
ママは地元の山口だし
パパは仕事だから
昼間は私やお手伝いさんしかいない
ポツン…
岸邸は　その頃はデモ隊に囲まれ
子どもには危険だったので
日中は世田谷区代沢の自宅にいた
でも晩ご飯だけは南平台の
岸邸で食べると決まっていたの

夕食の前後に
祖父が童話を読んでくれたり…
特に 馬になって遊んでくれた
祖父との触れあいは
晋三にとって貴重な思い出に
なっています
甘えん坊の晋ちゃんは
よくおんぶをねだったん
ですよ
おんぶ…
朝 お兄ちゃんの支度ばかりやっていると
晋ちゃんがすねちゃって…
それでね すねるとテコでも動かないの
だから幼稚園の
カバンをかけてやって
バス停までおんぶしていった
そんなに
甘えんぼうだったのは
やっぱり両親が不在がち
だったからでしょうね

父の岸が総理になったころは多忙の間を縫って週末ごとに箱根の旅館 奈良屋へ静養に訪れていましたが…
しばしば父から
すぐに2人を連れてこい
…と せっかちな電話がかかってきたものです
幼稚園に通っていた子どもと一緒に過ごすのは何よりのストレス解消になっていたのでしょうね
お魚 釣りたい
長男の寛信が旅館の池の鯉を釣りたいと言い出すと父はいそいそと旅館に掛け合いに行っていました
番頭さーん

当時 岸邸の中では晋三と兄の寛信がデモ隊の口まねをして
アンポハンターイ アンポハンターイ
アンポ サンセイ でしょ!!
…と繰り返すのを岸がニコニコしながら見ていた
安倍首相が政治の「原体験」としてよく語っています
「岸を殺せ！」とまで叫ぶデモ隊は連日のように岸邸を取り囲んだ
新聞で包まれた石に火がつけられ飛んでくる…
兄弟で水鉄砲を持ち出して応戦していると
いつもは優しい岸がひどく怒ったという
危ないからやめなさい！
アンポってなあに?
アメリカが日本を守ってくれる約束だなんでみんな反対するのかわからないなあ
おじいちゃんは悪い人じゃないのに…
祖父に対する世間の見方はおかしいという思いはこの頃 芽生えたんでしょうね

晋ちゃんはいたずら好きで
ずいぶん手を焼かせたわね
あれは岸さんのお宅に
遊びに行った時のこと…
ブンッ
ポチャン
大きな音がしたので
行ってみると
晋ちゃんが
池に落ちていたんです
早くあがりなさい!
誰かー!
晋ちゃんが池に…
庭師に助けてもらいましたが
寛ちゃんがびっくりしてワンワン泣くのに
晋ちゃんは泣き声ひとつ上げなかったわね

雨の日にはこんなことも
あったわね
傘を持って学校に行くん
だけど雨が止むと
寛ちゃんは傘を置いてくるの
晋ちゃんは
持って帰ってくるんだけど
二度と使えなくなっているの
ボロ・・・
傘を電柱にガンガンぶつけて
帰ってくるからボロボロになってしまうのね
ブンッ
ガン
ガン
ガン
それでも
僕は傘を
持って帰ったよ
と平然としている
そういう子だったわね
晋ちゃんはとにかく勝気で
弱音を吐くことがないの
両親が不在せいか
自然と芯の強い子どもに育った
のかもしれないわね
この強情さや気の強さは
安保改定を断行した母方の祖父
岸信介譲りなのか
それとも　父・晋太郎のものなのか…

そう！
晋三のなかには
二つの血が流れています
善人
安倍晋太郎と
昭和の妖怪
岸信介の血
岸信介からの影響や
孫である晋三との関係は
今まで見てきましたが
一方で父・晋太郎からの
影響はどうだった
のでしょう
主人は子どもの教育にも
しつけにも
さほどうるさいことは
言いませんでした
親のふだんの行動や
考え方を子どもは
受け取るという姿勢
だったので
ただ
人に迷惑をかけるな
だますな
悪口を言うな
男は自分で決断せよ
ということは
わりと厳しく言っておりました
…なぜ父のおしえを
何一つ守らないのか…
それはともかく
晋太郎の善人ぶりを示す
エピソードを紹介しましょう

晋三が小学四年生の時
家に見知らぬ男が入った
男は玄関にかけてあったコートを盗もうとした
ガタッ
まんが
!
あーー
晋三の声に驚いた男は何も取らずに逃走した
父の帰宅後 昼間の武勇伝を自慢げに話すと
・・・・・
晋三よ うちには洋服はいっぱいあるじゃないか
その人は本当に困っていたのだろう
次からは見逃してあげなさい
…と 逆に諭されてしまったそうだ

三．強情だった成蹊小学校時代

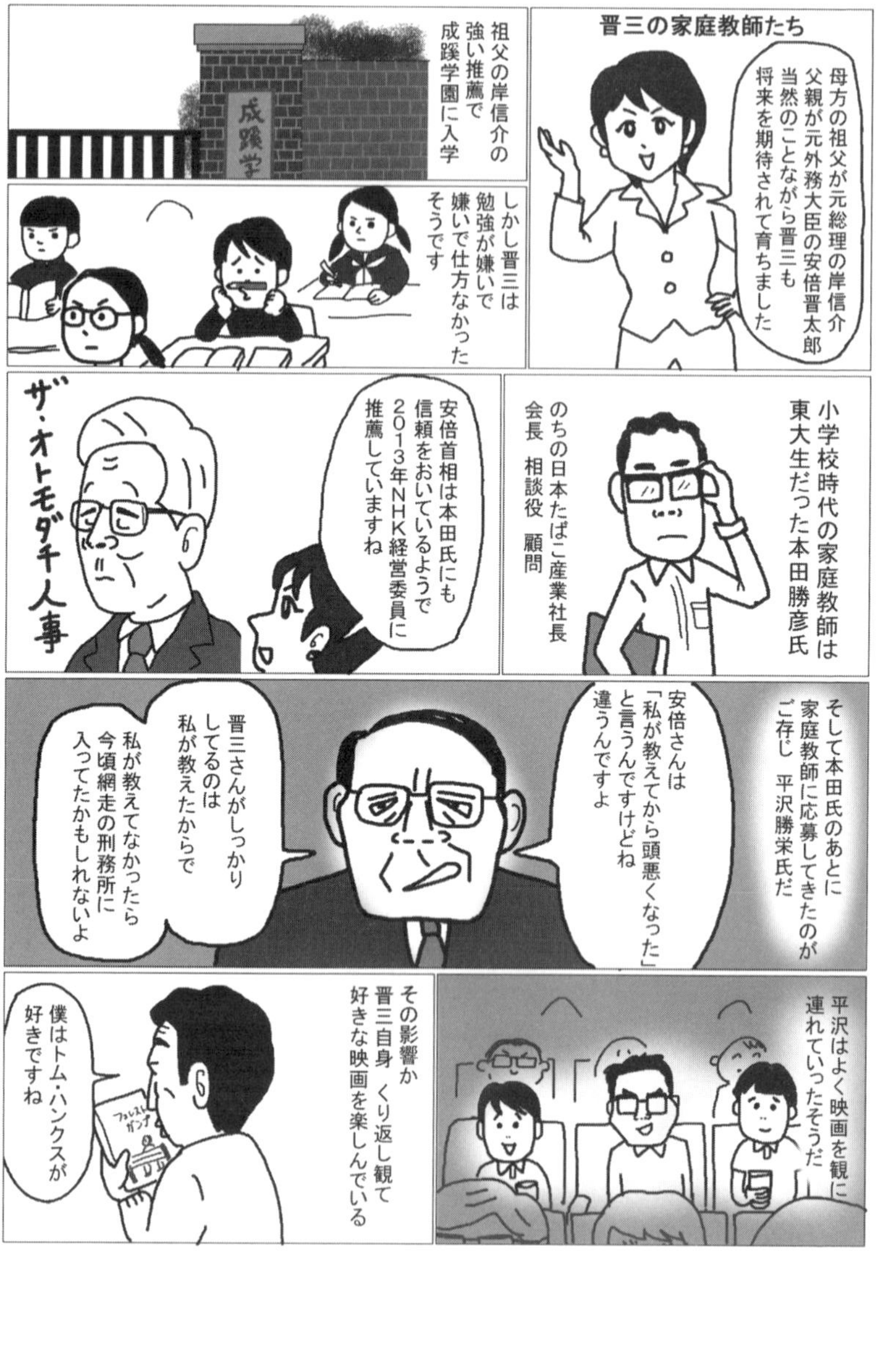
晋三の家庭教師たち
母方の祖父が元総理の岸信介 父親が元外務大臣の安倍晋太郎 当然のことながら晋三も 将来を期待されて育ちました
祖父の岸信介の 強い推薦で 成蹊学園に入学
成蹊学
しかし晋三は 勉強が嫌いで 嫌いで仕方なかった そうです
小学校時代の家庭教師は 東大生だった本田勝彦氏
のちの日本たばこ産業社長 会長 相談役 顧問
安倍首相は本田氏にも 信頼をおいているようで 2013年NHK経営委員に 推薦していますね
ザ・オトモダチ人事
そして本田氏のあとに 家庭教師に応募してきたのが ご存じ 平沢勝栄氏だ
安倍さんは 「私が教えてから頭悪くなった」 と言うんですけどね 違うんですよ
晋三さんがしっかり してるのは 私が教えたからで
私が教えてなかったら 今頃網走の刑務所に 入ってたかもしれないよ
平沢はよく映画を観に 連れていったそうだ
その影響か 晋三自身 くり返し観て 好きな映画を楽しんでいる
僕はトム・ハンクスが 好きですね

1965年の夏休みには晋三と兄の寛信を平沢の故郷である岐阜県白川村に連れて行った
本当の田舎の生活を体験させてやろう
鮎を釣って河原で焼いて食べたとき晋三君は大喜びでした
平沢さんの存在は晋三にとって両親不在の寂しさを紛らわせてくれる教育係兼遊び相手だったんでしょうね
それにしてもなぜ平沢氏は人事面での恩恵を全く受けていないのでしょうか…？
それにはこんな大人の事情があるとの話も聞きます
平沢氏はかつて東京17区で山口那津男氏に2連勝
現在 連立与党の公明党は平沢氏を推薦していません
私も「忖度」することはありますよ

晋ちゃんは自分の
思い通りにしないと
気が済まないんです
映画監督ごっこが大好きでね
数人の級友を2階の自室に集めて
監督役の晋ちゃんは
手に本を持ってね
自由帳
そこで笑うんだよ
もっと大きな声で笑えよ
自由帳
とか指示してね
映画監督の姿を収めた
8ミリフィルムが
残っていると思うわ

今でも自民党のネット番組などで政治家引退後の第二の人生にと映画への思いを語っています
ヒット作　リアリティーあるものを作る自信はある
俺がつくったら絶対ヒットするなと思ったりして
自分で撮るとしたらヤクザ映画ですかね
『仁義なき戦い』をさらにドキュメンタリータッチにしてそれに『ゴッドファーザー』を足して2で割ったものとかね
……
そうなのよ！主人は政治家にならなければ映画監督になりたかったという人なの！
ドンッ
総理夫人 安倍昭恵
映像の中の主人公をイメージして自分だったらこうするっていうのをいつも考えてるの
主人は日本国の総理大臣をある意味演じているところがあるんだよねえ～
安倍マリオ
もしかすると安倍首相は国民の生命や生活がかかっている日本の現実をフィクションのようにとらえて
「勇ましい主人公」を演じるために政治を行っているのかもしれません
安保法制を強行採決しいま憲法改正にひた走っているのもヒロイックな自己陶酔によるものなのか…
日本の総理大臣はもしかしたら我々が考えているよりあぶなっかしい人物なのかもしれない

兄弟の入学した成蹊小学校では毎日日記をつける決まりがあった
なにも書くことがない…
晋ちゃんの日記の書き出しはいつも決まって
総理大臣が帰ってきたので今日も南平台に行って夕ご飯を食べました
だった
夏休みの宿題はどうでしたか？
もう兄弟で全く違ったわね
8月 31日
お兄ちゃんは宿題の日記が間に合わないと涙顔になって
宿題をきちんと終わらせるまで寝なかったわね
晋ちゃんは寛ちゃんとは対照的だったわ
晋ちゃんは宿題済んだね？
うん済んだ
でも翌朝ノートを見ると真っ白！
日記帳
月 日 ( )

それでも
知らん顔して元気よく
家を飛び出していったものよ
案の定、学校で叱られる…
夏休み
日記
何も
書いてない
じゃないか！
一週間以内に
夏休みの宿題を完成させなさい！
でもノート一冊を
埋めるのは大変
もう眠いや
そうすると
私が左手で書いて
疲れると
ママにバトンタッチ
多くの子どもはウソをついたら
必ず代償があることを学んでいく
ところが晋三にはその経験がなかった
自分のウソに罪悪感も持たず責任をとらない
小さい頃のまま大人になってしまったようなのだ
土砂を投入
するにあたり
あそこのサンゴは
移している
日曜討論
名護 辺野古埋め立て

ある日
安倍家は朝から緊迫していた
安
まだ晋三が小学校に
上がる前の話だという
時空を超える新聞記者
望星いづ子
居間では晋太郎　洋子　そして
兄の寛信と晋三の4人が
張り詰めた空気のなか、睨み合っていた
パパの大切なものが
なくなったようで
パパから詰問されてるみたいだけど
どうしたのかしら
寛ちゃんはすぐ謝ったみたいだけど
晋ちゃんがね…
1時間　2時間…刻々と時は過ぎ
もはや半日に及ばんとするころ…
ついに声が漏れた!
強情な晋ちゃんが
やっと謝るのね
※▲□!
えーい
お前はしぶとい!
たまりかねて音を上げたのは
なんと晋太郎ではないか!
結局　晋三は長時間だんまりを続け
父親が降参する結末となった

私はパパとのケンカで最後まで屈しなかった姿が頭に残っているから
あの子が政治家になったら一切妥協しない特性がいつか出ると思ってるの
ただね何でも我を通すことがいいということにはならないでしょう
かいけん かいけん かいけん かいけーん!!
とことん突っ張る分反動が出たときはそれだけ大きいことを覚悟しなくてはいけないのよ
あの子はね いっぺん退いて体勢を整えてから攻めることができれば大きな政治家になっていくのではないかと思っているの
……
ウメさん そんな段階はもうとっくに通りこしてます….
ちなみに祖父の岸信介も非常に強情な子どもだったそうだ
これを割ったのは信介じゃろうが!
……
いいかげん白状せんか!
叔父が愛用する急須の蓋を割ったときもとうとう最後まで知らぬ存ぜぬで押し通したそうだ
とにかく芯が強いの泣き言も言わないし負けを認めないの
芯が強いねぇ….
「悪夢のような民主党政権」発言を取り消せだとぉ?
ケタ ケタ
取り消しませえええん

寝る前に晋ちゃんにおしっこさせるでしょう？
私も行こう…
用足しをして戻ってくると
ウメさんとこが暖かいや
私の布団に潜り込んでいるの
それが中学生になっても続いたわね
幼児期から少年時代にかけ晋三のそばにはいつもウメがいた
「普通の家庭の団らんはなかった」と回想する晋三にとってウメは母の温もりを感じ取り、浸ることができる唯一の身近な存在だったことだろう

両親はほとんど家にいませんからね
たまの休みにひょっこり晋太郎さんがいると
あっ！パパがいるよ！
……
って、お化けを見るような顔して
そういう日は
よし 夜は赤坂に焼き肉でも食べにいこうか
やったー
おにくだー
…っていうのが精いっぱいのサービスね
普通のパパらしいことは何もできないんだもの
それからというもの休みの日にパパがいると…
今日はお肉だね！
裕福な安倍家とはいえ高度経済成長期に入りたての日本で牛肉はなかなか口にできない高級品だったんですね
おいしそう…
外出しない時は家族ですき焼きを食べたと話してましたね

小学4年から6年まで担任を務め
のちに成蹊小学校校長となる
野村純三先生も
晋三の優しさに心打たれた一人だ
彼の優しさは
この中に凝縮されています
卒業文集…
卒業文集
「けやき」
昭和42年
成蹊小学校
安倍君が選んだテーマは
「かわいい動物たち・わたしの趣味」
題名は「コロ」
千九百字余りにおよぶ
力作だったねえ
その文章は
『可愛い仔犬、ひろってきたぞ』
と兄の声が玄関から響いてきた
見に行くと…」
で始まる

この作文の主人公であるコロは
黒と赤のコロコロとしたぶち犬
コロは「とても可愛かったので」
血統書付きのスピッツのジョニとともに
安倍家の一員に加えられる
晋三が小学三年生のときに
コロは子どもを産む
その仔犬たちが
もらわれていったあと
コロが狂ったように仔犬を探す姿に
激しく心を揺さぶられる様子が描かれ
クゥーン
クゥーン
その後　住み着いた野犬にコロが傷つけられ
6年生の夏に手当ての甲斐もなく
あっけなく死んでいくまでが綴られている

6年にわたるコロの一生を
書いた大作です
観察眼が鋭い
出会いから別れ
死をしっかり
見つめている
今読み返しても
犬の親子に向けた
優しい目や情を
行間からしみじみ
感じます
親子・家族関係を引き裂かれた
拉致被害者やその家族の思いを
コロの親子にも
重ね合わせているのでしょう
安倍君が妥協せず強い姿勢で
拉致問題に向かい合っている姿を見るにつけ
この作文を思い出しては
ああ　彼の人間性が出ているな
と思っているんです
でも
2018年9月には…
「拉致問題を解決できるのは安倍政権だけ」
だと　私が言ったことはございません

先生が評価する
「コロ」の作者の晋三像と
今の姿が結びつかない…
くる
あれ…まてよ
そもそも40日間の夏休みの
日記さえ書かなかった晋三が
ふあ〜
僕もう眠いや
ウメさんやっといて
千九百字余りに
およぶ作文なんて
書けるんだろうか…
まさか…
たぶんこういうこと…
ですよねー

四．反抗期を迎える中学校時代

そういえば念書を書いたなあ
本当に大野さんを次期総理にしようと思ってたんですか？
……あれを書かなければ安保はどうなっただろうか
政治家ってのは悪いよなあ！
私は当時なんとなく伯父に同意したように記憶しています でも気持ちは整理できていませんでした
……
たとえ大野さんを騙したとしてもそれをやらなかったらどうなったのか…
人間社会の道徳は政治の世界では時として不要だ 日本の運命を決断するのに情はいらない
だからこそ政治家は「結果責任」をより厳しく問われなければならないのです

父の晋太郎は山口の選挙区に入り浸りで
ふだんはおじいちゃまと話す方が多かったと思います
おじいちゃまの武勇伝はとてもおもしろかった
おじいちゃまのことをママに話すと機嫌がよくなるので
んまあ♥
ますます頻繁に訪ねるようになりました
一方、中学生になった晋三と父の関係は悪くなっていた
たまに帰ってくる父が家で顔を合わせた時に勉強のことなどについて聞いただけで
おい 勉強はどうだ
うるさい!
ガシャ
逆上して暴れたりしていた

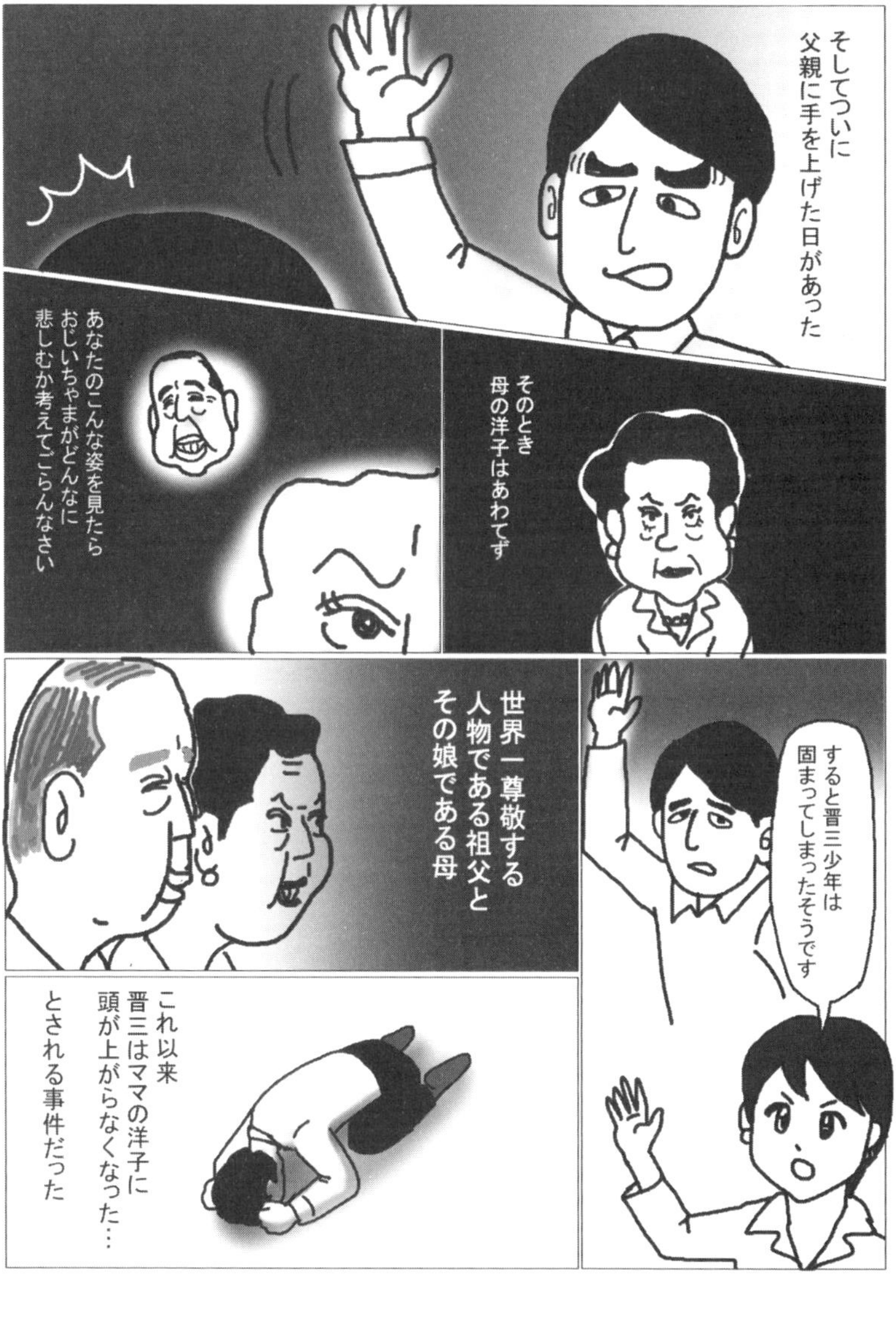
そしてついに
父親に手を上げた日があった
そのとき
母の洋子はあわてず
あなたのこんな姿を見たら
おじいちゃまがどんなに
悲しむか考えてごらんなさい
するとと晋三少年は
固まってしまったそうです
世界一尊敬する
人物である祖父と
その娘である母
これ以来
晋三はママの洋子に
頭が上がらなくなった…
とされる事件だった

おじいちゃまは東京裁判で
A級戦犯被疑者になった事を
悔しがっていました
勝てば官軍　負ければ賊軍
だから絶対に
負けちゃいけない
これはおじいちゃまから
徹底的に教え込まれたことです
SUGAMO PRISON
A級戦犯被疑者になっても
死刑を免れて巣鴨プリズンから
出所できたのは…
天皇に開戦方針を報告することを
最終決定した「政府大本営連絡会議」に
たまたま欠席したのね
それで処刑されなかったそうよ
偶然こそが
生き延びるツキを
もたらした…
運の強さは
孫の晋三に
受け継がれている
ようですね

おじいちゃまが総理になれたのは
ＣＩＡからの資金援助があったから
とも言われています
だからアメリカには
大きな恩があるのです
頭が上がりません
確かにおじいちゃまは
国民の反対を押し切って
日米安保条約を締結しました
しかしあの安保があったからこそ
今の日本があるんじゃないですか！
確かに米軍に思いやり予算をつけ
住民を追い払って広大な基地を
提供しましたが
そのおかげでアメリカに
守ってもらったのですから
野党から文句を言われる
筋合いはありません！
ＧＨＱに押し付けられた
憲法で満足しているようでは
国としては半人前
日本が真の独立国になるためには
独自の憲法が必要だ！
そんなことも
おじいちゃまから教えられました

私は安倍晋太郎の息子だが岸信介のDNAを受け継いだ
1960年日米安保条約改正を貫徹させた祖父がロールモデルなのだ
強行採決につぐ強行採決
…と公言する首相は
「闘う政治家」を政治信念としています
しかし本当に闘う政治家だったのは母方の祖父ではなく
軍部独裁に対抗した父方の祖父安倍寛でした
日本を戦争に導いた東条内閣と激しく対立した安倍寛は岸信介とは正反対の人生を送った政治家だ
しかし晋三がこの父方の祖父に言及したことはほとんどありません

東京帝国大学政治学科
を卒業した安倍寛は
1937年の総選挙で
軍部に無力な既成政党を
痛烈に批判し
「厳正中立」を打ち出し
無所属で故郷の山口県で再挑戦
衆議院議員に初当選した
東条内閣が戦争に非協力的な
候補を落選させようと推薦制度を
導入した1942年の総選挙でも
非推薦候補として
立候補し当選！
目ざわりな奴…
憲兵や特高警察が24時間尾行して
選挙を妨害したが
平和主義者としての
初心を曲げなかった
当選後には
東条内閣の退陣と
戦争終結運動を行った
戦争終結東条は退陣せよ
安倍寛は敗戦翌年の1946年
51歳の若さで亡くなった
後に自民党の代表的な
ハト派として1974年に
首相になった三木武夫も
当時　安倍寛とともに
東条内閣の退陣運動を
行った同志だった

同じ山口県出身だが
戦争と平和という正反対のイメージだった
岸信介と安倍寛は
戦争と平和
50才
48才
一時期 意気投合した
サイパン陥落で「早期終戦」を訴えた
岸の行動は東条内閣の崩壊につながった
1945年春 岸は故郷に帰り
防長尊攘同志会を結成
遊説途中で 東条批判の先輩で療養中の安倍寛を見舞った
安倍寛はその後
間もなくして亡くなったが
その時の縁で
6年後の1951年
安倍寛の一人息子 晋太郎と
岸信介の長女である洋子が
結婚するとは誰も予想しなかった

五. 成蹊高等学校時代〜安保とおじいちゃま〜

晋三が高校に
入学した1970年
「騒然とした時代」ではあった
①東大安田講堂事件
②全国全共闘結成
③国際反戦デーでの新宿市街戦
④米原子力空母「エンタープライズ」入港阻止行動の激化
⑤機動隊導入による安田講堂封鎖解除
⑥赤軍派の大菩薩峠軍事訓練
⑦「よど号」ハイジャック事件
⑧安保条約の自動延長
こんな環境の中で晋三には二つの反発心が芽生えていきます
私が中高生の頃はマスコミはもちろん
私の通っていた私立の学校ですら
安保の余韻が冷めず左翼的な空気が支配していました
そのあおりから政治家の仕事というのは評判の悪い仕事ということになっていました
ひとつは祖父・岸信介に向けられた厳しい世間の目に対するものだ
世間の目にどう映ろうと晋三の目には優しくてすごいおじいちゃまだった
極右
A級戦犯被疑者
保守の元凶
祖父はそんなに悪人ではないのに善玉悪玉論の図式で論じられることに反発していました
もう一つは「なぜあれだけ自分の信念で国家・国民のために安保改正をやったのに極悪非道な悪人呼ばわりされるのか」
という素朴な疑問からくる反発心だ
国民への説明というかアプローチが非常に悪いのではないかと思ったんですね
自分だったらもっと上手くやるのにという思いがあったんですね

成蹊高等学校に通っていた時
倫理社会という科目があり
その先生なんかはむしろ
「70年を機にこの安保条約は
破棄しなければならない」
という考えでした
安保条約
破棄
クラスの雰囲気も同様です
私は詳しくはないけれども
自分の立場上
何か言っておかねば
と思ってました
そこで私は
先生に質問したのです
安保条約を破棄しなければ
いけないと先生は言うけれども
もちろん条文をお読みに
なっておられるんですね
実はハッタリでした
その時点では
条文を読んでいなかった
のです
先生は
急に不愉快な表情に
なりました
岸の孫だからくわしいと
思ったのでしょう
だから変なことは言えない
と思ったのか
突然 安保条約から
話題を変えてしまったのです
サッ
次の期末試験についてだが…
なんだ
そんなものか
安保反対だなんて言ってるけど
毅然と意見を述べることもしない
「かっこだけの連中だ」という
思いが決定的になりました

自分自身でさえ読んでなかった
当時の晋三が
祖父が絡んだこの条約については
「存在感」を見せねばと
教師に対して
「読んでいるのでしょうね」と
ブラフをかけた
すると教師は
読んでいるなら
自らの考えを述べなさい
…とは言わず
次の期末試験は〜
見事に晋三のブラフにはまり
安保の話題を避けてしまった
その姿を見て晋三は
「進歩的文化人」と同じで
うさん臭さを感じていました
というのだが
教師をやり込めた彼自身が
実はその段階で「条約を読んでいた」
という手玉を持っていなかったことを
誇らしげに語っていること自体が
おかしいのだああああ

六．成蹊大学へ～勉強は好きじゃない～

勉強はあまり得意じゃなかった
…秘密どころかよくある理由じゃないですか
父が「東大へ行け」と分厚い漢和辞典で頭を叩いて勉強を強いるようになり
バチーン
僕は強制されると反発したくなる性格なので
イテテ
東大東大と言われるとコンプレックスを感じました
なんだい東大なんて
まんが
ある日　大学の同級生にこう言われましてね
なんで東大を目指さなかったの？
おじいさんが東大で一番も成蹊大で一番も同じだって言うんだよ
って笑い飛ばしてやりましたよ
首席での卒業はなかったけれどテストや成績は優秀だったんですよね

大学生の頃の晋三は
どんな学生だったのだろう
パッと見て
モヤシみたいだと思いました
ひょろっ
1973年 成蹊大学助教授として
入学試験の面接官を務めていた
佐瀬昌盛氏は
面接室に入ってきた若者を
見た瞬間、そう感じた
面接を続けながら
もよおしていた眠気は
この若者の身上書を見て
一気に吹き飛んだ
身上書
安倍晋三
父
母
安倍晋太郎
洋子
祖父・岸信介
父・安倍晋太郎！
……これが岸さんの孫……
岸さんと言えば
戦前戦後を通じて権力の中枢を歩み
昭和の妖怪と呼ばれた存在
それだけに目の前の
ひょろっとした弱々しい若者が
その岸さんの孫だなんて
拍子抜けしましたね

東大に行けなかったけど
父は真っ赤なアルファ ロメオを
買ってくれて
それで通学していました
うひょー
アルファ ロメオで通学!
こいつはスマートなヤツだな
一番違いの学籍番号が縁となり
ゼミや英語フランス語をはじめ
全ての授業を一緒に受けたという
秋保浩次氏が抱いた
晋三の第一印象だった
僕は仙台から
上京したばかりの
「田舎者」だったので
キョロ
キョロ
安倍に会った時は
わっ
ドン
自分とは別世界の人間のように見えましたねえ
都会育ち
裕福で
上流階級
何不自由なく生きてきた
おぼっちゃま

安倍が政治家を目指した原点ですか？
そうですね…安倍は岸さんの評価が低いことにことあるごとに「なぜなんだ」と口にしいてました
日本の将来も見通しながら正しいことを決断したにもかかわらず
アンポハンタイ
アンポハイキ
アンポハンタイ
おじいちゃんのあの時の政治がなんでそんなに評価されないんだ！
…という強い思いが安倍のなかにあったと思います
マックス・ヴェーバーの『職業としての政治』を読んで勉強していました
職業としての政治
マックス・ヴェーバー
自分が政治家になっておじいちゃんが正しかったことを証明する
これが彼の政治家としての原点ではないでしょうか

そうそう
こんなこともありました
あれは憲法改正問題について
議論したときのことです
秋保ね
今の憲法は戦勝国が敗戦国に
一方的に押し付けたものなんだ!
そう思わないか?
違うか?
ゆっさ ゆっさ
ガタッ
その象徴がやっぱり
第九条なんだよ!
九条が言わんとすることは
日本は軍備丸裸でいろ
ってことじゃないか!
おじいちゃんは
いわれるほど悪人じゃない
…という言葉をよく耳にしました
相当
悔しかったんでしょうね

大学4年の秋にこんなことがありました
六本木を二人で歩いているとき
向こうから来た
二人組の暴走族風の男と
安倍の肩がぶつかったんです
ドーン
コラッ！
何さらすねん
なんだよ！ 君が
ぶつかってきたんだろ！
向こうはケンカ慣れしてる不良
こっちは成蹊大のボンボンです
私は安倍を
引っ張っていこうとしましたが
おい、行こう
彼は一歩も引かずに
なおも不良とやりあったんです
やる気か！

すると安倍の迫力に
向こうが捨て台詞をはいて、引きました
おぼえとけよ
安倍独特のハッタリの雰囲気に圧倒されたのかなあ
あふれでるオーラ!!
不良と別れたあと
おまえ無茶するなよ
あいつらが悪いのにどうしてだよ…
秋保さん…
……話 盛ってませんか?

ああっ　そうだ！
こんな思い出もありますよ
ゼミに少し浮いてる
ヤツがいましてね
ちょっとジコチューだったから
みんな敬遠して
麻雀で集まる時も
彼には声をかけない
安倍の別荘に遊びに行く
話が持ち上がったときも
「あいつは誘わない」となった
でも安倍は彼を
仲間外れにはしなかった
別荘にも彼をみんなと一緒に誘った
彼にはそうした
優しさがあるんです

そう 安倍は
根が優しい男なんです
面倒見も良かった！
それが政治家になって
変わったらイヤだなと思ってました
でも被害者家族を
一軒ずつ回ったた話を聞いて
ああ彼は変わってないって！
そういうエピソードなら
私も！
酒を飲んだ後
彼の自宅に転がり込んだ
ときのことです
私はすっかり
泥酔していました…
これ
二日酔いに良いから
翌朝
熟した柿を持ってきてくれました
しみじみイイ奴だなあと思いました
面倒見の良さは
祖父や父から受け継いだものかも…
父には
「どんな人に対しても思いやりを
欠くようでは人間として失格だ」と
口やかましく言われてましたからね
ことさら意識するわけではありませんが
この言葉はいつも肝に銘じて…
「仲間思い」のこの性格が
「お友達」政権へと
つながったのでしょうか

僕が大学三年になり
就職先を決める頃…
おじいちゃまが
さすがに心配して
……
東大を首席で卒業した祖父は
国家公務員上級試験を
勧めてきました
上級
国家公務員試験
問題集
しかし僕には到底無理です
官僚を目指してみないか
官僚には向いてないよ
真剣に勉強しなかったことで
ずいぶん辛い思いをしました

そんな僕を見かねた父は
政治家になるための箔を
つけさせてやろうという親心からか
アメリカ留学を勧めてきました
僕なりに悩みましたが
とりあえず留学の道を選ぶことにしました
アメリカに行ったのは
MBA取得を目指したわけではありません
HOLLYWOOD
海外に出るならとりあえず
アメリカがいいかな
という程度の気持ちでした
ずっと英会話は習っていたので
さらに磨きをかけたいと思っていましたし
Nice to see you.
Nice to see you, too.
まあ 英語がうまく
話せるようになれば
POPEYE
特集
西海岸
サーフィン
ラジカセ
…というのが
当初の留学目的でした

七．アメリカに留学〜英語に磨きをかける〜

この環境では日本にいるのと変わらないと
早々に見切りをつけ
今日のお昼どうするー？
それでさあ
その後、ロングビーチの語学学校に移り
9カ月ほど学びました
ところが…
慣れない外国暮らしでホームシックに
晋三は実家にコレクトコールを
かけ続ける日々…
国際電話代は
月に10万近くにもなったといいます
いいかげんにしろ!!
寂しさからか
友人にも しょっちゅう
手紙を出していたそうですね
留学経験がいま役立ってる
のかどうかは不明ですが…
バイマイ
アベノミクス

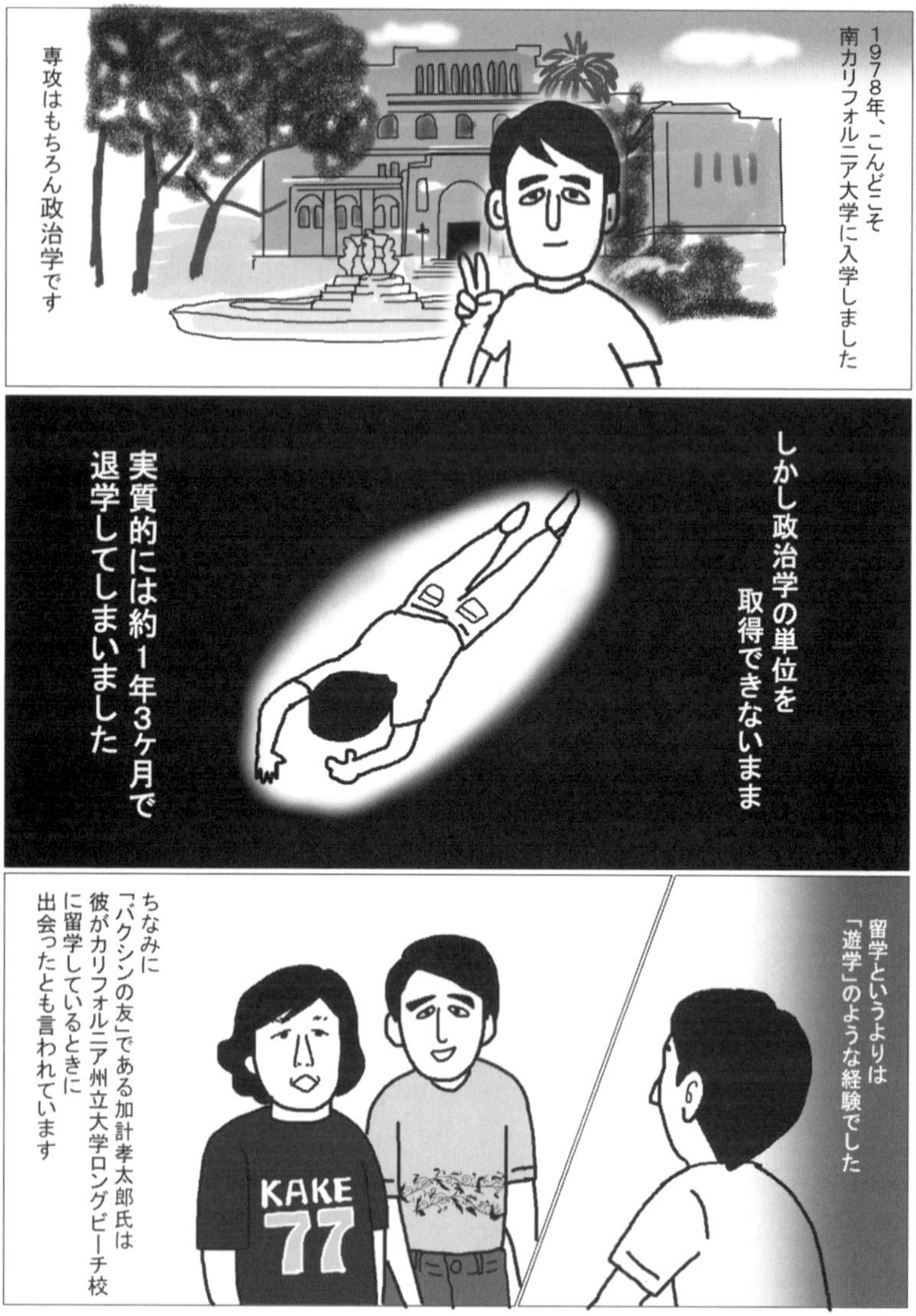
1978年、こんどこそ
南カリフォルニア大学に入学しました
専攻はもちろん政治学です
しかし政治学の単位を
取得できないまま
実質的には約1年3ケ月で
退学してしまいました
留学というよりは
「遊学」のような経験でした
ちなみに
「バクシンの友」である加計孝太郎氏は
彼がカリフォルニア州立大学ロングビーチ校
に留学しているときに
出会ったとも言われています
KAKE
77

この時の経歴は
のちに経歴詐称との
ご指摘を受けましたが
僕はこのことを偽る
つもりはありませんでした
今は削除していますが
「遊学」体験は政治家デビュー
してからは当初「留学」と
公式に
記された
略　歴
1954年（昭29年）9月21日
安倍晋太郎・洋子夫妻の二
1977年（昭52年）3月
成蹊大学法学部政治学科卒業
引き続いて南カリフォルニア大学政治
2年間留学。
1979年（昭54年）4月
株式会社神戸製鋼所入社。
ニューヨーク支社・加古川製鉄所・東京本社に
1982年11月退社。
しかし母・洋子の著書
『わたしの安倍晋太郎』
166ページでは…
わたしの安倍晋太郎
安倍洋子
「晋三は大学を出ると…」
国会議員は公職選挙法違反
（虚偽事項公表罪）
になるのでは？
「アメリカのカリフォルニア大学と
南カリフォルニア大学に一年ずつ
留学し　政治学を学びました」
海外の体験が
「外交の安倍」に
つながったのかな

八・社会人デビュー〜神戸製鋼時代〜

晋三　神戸製鋼入社の理由は…
アメリカから
1979年4月に帰国すると
USC
僕を待っていたのは
「就職」という現実でした
僕は岸信介の孫
大物政治家 安倍晋太郎の
息子ということもあり
引く手あまただったそうです
それ、得意になって自慢
することじゃないのでは…
最終的に僕は神戸製鋼に入ることになります
しかしなぜ
神戸の企業に…？
岸信介と安倍晋太郎の秘書を務め
後に安倍晋三事務所秘書となる
松永隆氏の回想によると
中選挙区制だった
当時の晋太郎の選挙区は山口1区
1区
2区

同選挙区には
晋太郎と同じ福田派に属する
田中龍夫や、林義郎という
ライバルがいた
将来 宰相の座を狙うためにも
トップ当選は絶対に譲れなかった
そこでキーとなるのは
選挙区で一番大きい企業である
神戸製鋼長府製造所の存在だった
晋三の入社は
いわば政略就職だった
しかし父は潔癖症で
そういった政略的な
選挙対策を極端に嫌う人物
頭がカタいんだよ
……
結局 おじいちゃまの希望と口利きと
秘書の松永さんの根回しで
僕の入社は決まりました
鉄鋼はいいぞ
岸さんの孫の
晋三君が…

しかし
入社できることにはなったものの
すでに正式採用と入社式は
終わっていたので
入社式
翌年の春まで
待たねばならなかった
国内に居場所のなかった晋三に
会社が出した提案は…
えええええええ
またアメリカあああああ！
また
アメリカに
とんぼがえり
晋三を「嘱託」としてニューヨーク事務所に
一年間 配属するというものだった
これを聞いた晋三は「大不満」であった
しかし翌年の1980年5月1日
ようやく日本に戻してもらうと
新入社員研修に参加し
晴れて正社員となった
加古川独身寮
加古川の製鉄所に
勤務したころは寮に入り
寮仲間と麻雀に興じたり
ドライブに行ったり
楽しい時代でした

政治ジャーナリスト

野上忠興氏に訊く！「安倍晋三とは何者なのか？」

福田派と安倍派の番記者として、安倍晋太郎氏とも親しく、官房長時代から安倍晋三氏を単独インタビュー。安倍家の内情に詳しい、首相の乳母・ウメさんにも取材。安倍氏の評伝三冊を上梓している政治ジャーナリスト・野上忠興氏に彼の人物像を訊いた。

© Yoshiro Sasaki 2019

安倍家の乳母・久保ウメさんとの出会い

――野上さんが著した三冊の安倍首相の評伝本には、幼少期から議員になるまでのプライベートなエピソードが盛りだくさんで、安倍首相本人をはじめ親族、学友、恩師、政治家など幅広く取材した著書は、〈安倍首相の過去〉を知るための〈バイブル〉として、数多くの書籍に引用され、参考文献とされていますね。

野上忠興（以下、野上）　安倍さんが官房副長官から自民党幹事長に就く直前の二〇〇三年前半頃からスタートした取材のタイミングが、良かったということでしょうね。出世街道まっしぐらでしたが、まさか三年後に総理・総裁に上り詰めるとは本人は無論、取材協力者の皆さんですら思ってもいなかったはずです。

——忌憚《きたん》なく、思い浮かんだままの〈実像〉を明かしてくれたということですね。

野上　言えますね。手もとにある貴重な音声データに基く記録ファイルは、段ボール箱に詰め切れないほどになりました。特に、政治活動で不在がちの両親に代わって、安倍さんの乳母兼養育係を担った久保ウメさんからの聞き取り取材を繰り返しできたことが、大きかったですね。ウメさんを〈一点突破〉に、その後の〈全面展開〉へと繋げることができましたからね。

——当時、ウメさんは何歳でしたか。

野上　七七歳でしたが、会うたびに小柄な身体をしゃきっとさせて、遠い過去の幼少期からの逸話や岸・安倍両家にまつわる秘話を詳細に明かす、その記憶力に驚きもしました。「安倍さんの本を書くなら岸・安倍両家を知り尽くす生き字引的存在のウメさん抜きには、無理ですよ」という安倍家関係者のアドバイスは、そのとおりでした。そのウメさんも、数年前に鬼籍に入っていますが。

——ウメさんは、「いつか、私が経験したことをまとめてみたいと思っていました」

と話したそうですね。

野上　記憶力が確かなうちに、自分の見聞きした貴重なものを本にして残しておきたかったのでしょうね。生涯独身を通し岸・安倍両家に尽くしきったわけですから、メモリー＝自分史の一つとして〈生きた証し〉にしたかったのではないでしょうか。

晋太郎さんと幼なじみのウメさんが安倍家へ

――ウメさんが岸・安倍両家とかかわりを持った経緯は？

野上　ウメさんは安倍家と同じ山口県油谷町の出身です。晋太郎さんの父・寛さんにも可愛がられたうえ、晋太郎さんとは小学校が一緒で、幼友達でもあったんですね。一時、東京・麹町の祖父の家で暮らすのですが、戦争激化に伴い地

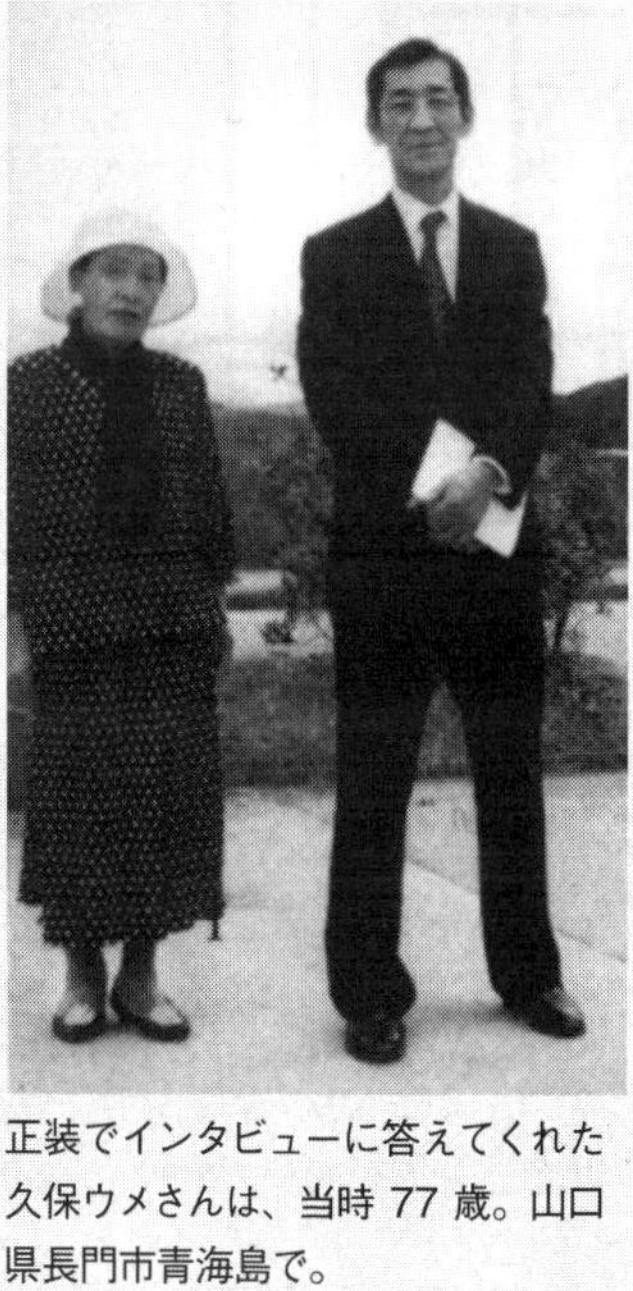

正装でインタビューに答えてくれた久保ウメさんは、当時 77 歳。山口県長門市青海島で。

提供／野上忠興氏

元に疎開、山口県立深川女学校に通います。ここで、岸信介元首相の長男・信和さんの妻となる仲子さん（元衆院議員田辺譲の次女）と同窓だったことが縁で両家に仕えることになっていくのです。

――よく信和さん、仲子さん、ウメさんと三人でお酒を飲んだりしたとか……。

野上　その頃、地元企業の宇部興産に勤めていた信和さんが東京転勤となり、ウメさんは仲子さんとは離れてしまうことになります。そこへ、仲子さんから「田舎にいてもしょうがないでしょ」との誘いが入り、再度上京することにしたのです。

――それほど仲が良かったんですね。いつ頃の話ですか？

野上　一九五六年一二月頃ですね。ちょうど、岸さんが七票差で自民党総裁選に逆転負けした年で、そこから石橋湛山内閣で外相を務め、その石橋さんが就任直後に病に倒れたため、翌年には首相に就くという岸家にとって〈激動の時期〉でした。

――安倍首相が二歳の頃？

野上　そうですね。ウメさんが「シンチャンが、ヨチヨチ歩きを始めた頃だった」と述懐していましたから。上京後、ウメさんは証券会社で働いていましたが、アフターファイブや休日には「時間を持てあましていた」とか。そこで、仲子さんが「あなた筆も立つし、どう、岸の仕事を手伝わない」と声をかけたことが、「人生の分かれ道」（ウメさん）となりました。当初は、南平台にあった岸邸に通っていたのですが、すぐに、住み込むようになりました。

――ウメさんが何歳ぐらいのときでしたか。

野上 「三一（歳）ぐらいだった」と言っていました。陳情書類整理などの事務的な雑務をバリバリとこなすウメさんは、達筆だったこともあって岸さんの代わりに色紙に揮毫《きごう》し、「内閣総理大臣　岸信介」と署名したそうです。「私が代筆した岸の揮毫色紙を、いまだに大切にしている人がいる、と聞くとなんか胸が痛むわね」とか苦笑しながら話してくれたことを思い出します。

シンチャンの宿題をウメさんが代筆

――安倍首相の祖父、安倍寛を取り上げ『安倍三代』（朝日新聞出版）を書き上げたノンフィクションライターの青木理さんは若き日の安倍晋三を評して「恐ろしくつまらない男だった」とし、「悪人でもなければ、稀代の策略家でもなければ、根っからの右派思想の持ち主でもない。むしろ極めて凡庸で、なんの変哲もなく、可もなく不可もなく、あえて評するなら、ごくごく育ちのいいお坊ちゃまにすぎなかった」と述べています。今回「なぜ安倍さんは〈嘘〉をつくのか」という漠然とした疑問からこの本の企画をスタートしたのですが、何か思いつくことがありますか。

野上　そう聞くと、ウメさんの明かした一つのエピソードが改めて思い浮かびますね。小学校低学年時、夏休みが終わりに近づくたびにウメさんが「シンチャン、宿題は済ませたの」と聞くと、「うん、やったよ」と決まって返事をするんですね。実際は「やったよ」は〈嘘〉で、ウメさんが、わざと左手で作文とかの宿題を代筆してことなきを得る繰り返しだった――と述懐していました。ウメさんによれば、毎回「駄目じゃない」と言っても、シンチャンは「わかった」と悪びれもせず、平然としていたそうですが。

「学歴にコンプレックスがある」

――国会の党首討論でも例えば、安倍首相はポツダム宣言について問われ、「詳らかに承知しているわけではございません」と答える半面、「アメリカが原子爆弾を落とした後に（ポツダム宣言を）叩きつけたもの」と、事実誤認を堂々と述べている過去があります。宣言案は原爆投下の前に出されたものでしたが。意識して〈嘘〉をついているということなのか、そもそも言い間違えたのか、どちらなのでしょうね。

野上　児童心理学を学んだ経験もあるというウメさんの言葉を借りれば、両親不在の家庭で幼少期を過ごした結果、芽生えた〈自己愛〉が人一倍強くなっていき、安倍さんをして結果的に〈自己防衛本能〉から虚言とみられるような言動や、上から目線の振る舞いをもさせることになったのではないでしょうか。

――確かに、安倍首相は国会答弁などでも、不必要に業績を誇張して尊大で傲慢な印象を与えるような言動を取るときが、しばしばありますね。

野上　そうですね、私に話した「自分は、勉強をあまりしなかった」「学歴に対するコンプレックスがある」との安倍さんの言葉からも察することができるように、その裏返しとして、ときに自分を大きく見せようとするパフォーマンスに執心・執着するタイプに映ります。ウメさんも「シンチャンは、とにかく負けず嫌いで、一度言い出したら絶対に後に引かない頑固なお坊ちゃんでございます」と苦笑しながら話していました。政策実績を語るときでも「過去最高」「今世紀初めて」「歴史上初めて」とかの大仰な〈冠言葉〉を付けることや、厳しい質問を受けると、「私が最高責任者だ」「私が行政府のトップだ」「私が国家だ」などといった傲慢と映る〈睥睨《へいげい》言葉〉を返す姿にも、その点が垣間見えるように思えますね。

――〈学歴コンプレックス〉と言えば、お父さんの晋太郎さんから、「東大へ行け」と分厚い漢和辞典で頭を叩かれ勉強を強いられるエピソードも、著作『安倍晋三 沈黙の仮面』（小学館）には、ありますね。

野上　幹事長時代の取材時、「祖父がやけに優秀でしたからね、そういうプレッ

略　歴

1954年（昭29年）9月21日

安倍晋太郎・洋子夫妻の二男として生まれる。

1977年（昭52年）3月

成蹊大学法学部政治学科卒業、
引き続いて南カリフォルニア大学政治学科に2年間留学。

1979年（昭54年）4月

株式会社神戸製鋼所入社。
ニューヨーク支社・加古川製鉄所・東京本社に勤務。
1982年11月退社。

1982年（昭57年）11月

外務大臣秘書官。

1986年（昭61年） 7月

自由民主党総務会長秘書。

かつて、安倍事務所の公式ＨＰにあった経歴より。

シャーはありました」と話していました。

確かに、敬愛する祖父の岸信介さんは東大法学部で我《わが》妻《つま》栄《さかえ》（日本の民法学の権威として知られる法学者）と首席を争った秀才で、大叔父の佐藤栄作さんも父方の祖父の寛さんも父の晋太郎さんも皆、東大法学部出身でした。

大学「留学」ではなく「遊学」

――コンプレックスに絡んでもう一つ、安倍首相の自伝的政治観を綴った『美しい国へ』（文藝春秋二〇〇六年刊）と、二〇一二年一二月、首相に再登板したあと旧著に最終章を加筆した『新しい国へ　美しい国へ　完全版』（同二〇一三年刊）では経歴を消したりしていますが。

野上　初版の略歴にあった〈成蹊大学法学

部卒業。神戸製鋼所勤務を経て、一九八二年に父・安倍晋太郎外務大臣の秘書官に〉の箇所が、完全版では削られています。もちろん、現在の公式サイトのプロフィール欄には「南カリフォルニア大学政治学科に二年間留学」は、見当たりませんが。

——安倍家が将来政治家になるための箔づけも考慮して〈留学〉させたのでしょうか？

野上　どうなのでしょうね。安倍さん自身は親の思惑とは裏腹に〈習っていた英会話に多少なりとも磨きをかけられれば〉という程度の気持ちだったようですし、私にも「特段、学究心に燃えたということでもなかった。まあ、多少なりとも英語がしゃべられるようになればというのが、留学目標だった」と明言していますし、学友も「ＭＢＡ（経営学修士号）を取ろうとか、そんな意気込みはなかった。留学ではなく遊学だった」とか話していましたね。

——渡米後は？

野上　岸さんの代から親交があった華僑のＭさんの世話で、イタリア系の老婦人の家に下宿しながら、英語学校「ヘイワード校」で語学研修し、その後、南カリフォルニア大学に通い始めます。正式に経歴を表記するとすれば「一九七七年三月、成蹊大学卒業。その後、九ヵ月間アメリカで語学学校に通い、一九七八年一月から南カリフォルニア大学政治学科に一年三ヵ月間通学」となりますか。

——このときに、腹心の友、加計学園理事長の加計孝太郎さんと出会うわけですね。

野上　安倍さんは、そう言っているようですが、私は確認していません。

「さみしがり屋さん」の一面も

――在学中の逸話の一つに〈国際電話〉の件が、ありますが。

野上　幼少期の大半を両親不在の中で過ごした安倍さんは、物心がついてからも友人宅で夕食とかで家族全員が揃って食事する光景を目にしたりすると、「うらやましく思った」と述懐していることから察せられるように、「さみしがり屋さん」（ウメさん）ですからね。異国の地での一人ぼっちの生活が続いたわけですから、ホームシックに陥ったのも当然でしょうね。

で、寂しさを紛らわすためなのか、月一〇万円にもなるほど頻繁に自宅にコレクトコールで国際電話を掛けるようになるわけです。当時の大学卒の公務員の月給は九万六〇〇〇円程度ですからね。さすがに晋太郎さんも堪忍袋の緒が切れたのか、「何を甘えているんだ。それなら日本に戻せ！」となり、不本意な思いを抱きながら一九七九年の春に帰国を強いられることになるわけです。

つけ加えれば、「あのものぐさな安倍が、渡米後、中身のない手紙を、よく送ってきた。寂しさからだったのだろう」と思い返した大学時代の友人もいました。

政治家として「強運」の持ち主

——学位は取得できたのですか。

野上　私の二冊目の『気骨　安倍晋三のDNA』（講談社）執筆の際、出版元の駐在員が南カリフォルニア大に出向き確認したことですが、通学期間は一九七八年一月から七九年三月までの一年三ヵ月までで、政治学科の単位は修得せず、無論、学位も取れないまま帰国——で終わっていると聞いています。

——そういった経緯から考えると、経歴から削除せざるを得ないとなるでしょうね。実は安倍首相の学歴詐称疑惑より前に当時、民主党衆院議員の海外留学に関する学歴詐称問題が発覚、追及されて最後には議員辞職に追い込まれました。安倍首相は、この問題を追及した一人でしたが、それなのに同様の疑惑ありと思われる安倍首相は、なぜ辞めなくて済んだのでしょう。

野上　「拉致の安倍」で名を上げ、「タカ派の貴公子」ともてはやされていた時期でした。誰もが公式ページとかにある経歴を疑うこともなかったでしょうし。安倍さんは、一種〈運〉を持っているように思えます。経歴削除記録が残っているのに、それでも辞めずに済んだのは、〈強運の持ち主〉ということでしょうか。財務省の公文書改ざんまで発覚した夫人の昭恵さんが絡んだ森友疑惑問題も、しのいでいます。内閣支持率が四〇％台を維持していることが強気の〈源〉になっているようですが、バラバラ状態が示す野党のふがいなさ、後継者不在という〈運〉に恵まれていることが下地にあればこそ、ではないでしょうか。

——そういえば、首相再登板も〈運〉に恵まれた側面がありましたね。

野上　確かに。総裁選で対立候補となった安倍さんの出身派閥・清和政策研究会会長だった町村信孝さんが脳梗塞を発症しましたね。結果、清和会内からかなりの票が安倍さんに流れることになりました。また、有力対抗馬だった石原伸晃さんが、東日本大震災による原発汚染表土について「運ぶところは福島原発の第一サティアンしかない」との失言も飛び出しました。結果、議員票・党員票とも二位につけて決選投票に進む道が開けたわけですが、巡り合わせとしか言いようのないタイミングでの有力対抗馬二人の〈脱落〉という〈運〉が、首相返り咲きにつながったということになりますね。

安倍四選を阻むのは健康問題？

——ところで、安倍四選説が、取りざたされていますが。

野上　悲願の「憲法改正」をはじめ、「北方領土」や「拉致」に先行き明確な展望が見いだせず、「このままでは〈ただ長く権力の座にいた総理大臣〉として終わり、〈レガシー（政治的遺産）〉がない」（主流派幹部）となりますから、安倍さんとしては、何とかしなければ―という思いはあるとは思います。といって、総裁任期二期六年を三期九年にし、さらに今度は時の総裁（総理大臣）の都合で四期一二年に〈自民党の憲法〉ともいうべき党則を変えることが、党内外の理解を得られるかです。安倍さん一人のために党則や、自民党があるわけではないはずです。

――安倍首相には、健康問題という〈時限爆弾〉を抱えている実相もありますね。

野上 ええ、周知の事実ですが、若い頃から厚労省が完治不能として難病指定している潰瘍性大腸炎を患っています。この病気の大敵はストレスの溜め込みです。飲酒と刺激物の摂取も〈敵〉ですが。

――つまりは、安倍首相は〈大敵〉を相手に日々過ごしていることになりますが。

野上 社長と名のつくトップは日本中に数しれずいても、一億国民の生命と財産を守るこの国の最高責任者であるトップの総理大臣は、言わずもがなですが一人ですからね。〈責任感〉という重みを思えば、ストレスが蓄積されることはあっても、減ることはないはずです。

ストレスといえば、私が官邸詰め時代、ときの首相・福田赳夫さんと執務室で話す機会があったとき、人差し指で天井を差しながら「一人でいると、天井が落ちてくるような重圧を感じて息苦しくなるときがある」と話したのを覚えています。

――福田さんは持病はありませんでしたよね。

野上　ええ、明治三八年生まれをもじって、「我が輩は明治三八歳だ」を口癖にするほど健康でした。でも、その福田さんですら、日々ストレスを感じながら職責を果たしていたわけです。ましてや、安倍さんはストレスが大敵の難病を抱えているのですからね。

――とすれば、第一次政権のように、健康問題が引き金になって進退窮まる事態も絶無とは言えないということになりますが。

野上　そこは、先行きの安倍さんを巡る政治的な状況も絡んでくると思いますから何とも言えませんが、少なくとも私の得ているインナー情報には〈内外政策の行き詰まりもありで、ストレスから体調優れず〉とあります。仮に四選となれば、あと六年弱です。日々、安倍さんの健康管理・維持を担う〈特別医療チーム〉によるケアという〈医力〉と〈薬力〉を頼りに、〈気力〉が続くのかとなります。私は？（疑問符）をつけますが。

――その四選問題ですが、二階俊博幹事長が「十分あり得る」と発言。安倍首相は国会の場で、これを否定しましたね。

野上　安倍さんの出身派閥・清和会（旧称）の創設者・福田赳夫さんの信条は「我が輩は覇道を好まず、王道を行く」でした。つまり、権力維持に手練手管を使わず、ということでしょう。そして「政治家は総理大臣になった瞬間に出処進退を考えて舵を握らないと駄目だ」と、引き際の大切さをも口にしていたものでした。

――実際、福田さんは再選狙いの総裁選で「まさか」の予備選敗北結果を受け、「天の声もときに変な声がある」と悔しさをにじませながらも本選を辞退、首相の座から身を引いていますね。

野上　そうです。あのときは福田さんの執務室に、首相を務めた森喜朗さんや小泉純一郎さんら清和会の若手らが押しかけて「断固、戦うべきだ」などと主戦論を主張しましたが、福田さんは「我が輩は王道を行く」として制しています。父親・晋太郎さんも会長を務めたことがある清和会に身を置いた安倍さんも創設者の遺訓を酌み、〈立つ鳥跡を濁さず〉、きれいな引き際をみせてもらいたいものです。「政治は最高の道徳」といわれてもいるのですから。

野上　忠興（のがみ・ただおき）
政治ジャーナリスト。一九四〇年生まれ。早稲田大学政治経済学部卒。共同通信政治記者歴二〇年。現場取材では、主に官邸と自民党を担当。二〇〇〇年独立、執筆・講演・講師活動に。著作に『気骨　安倍晋三のDNA』『ドキュメント安倍晋三』（ともに講談社）『安倍晋三　沈黙の仮面』（小学館）など。

九・政治家への道

晋三　政治家の世界へ
晋三はその後
東京本社の輸出部に転勤となり
神戸製鋼
仕事のおもしろさがわかり始めた
1982年秋頃のこと
外相に就任した父・晋太郎からいきなり
明後日から
俺の秘書になれ
僕は嫌だあああ！
そんなの無理に決まってるだろ！
僕だって年間数十億くらいの商売はしてるんだ
それを1日や2日で後任へ引き継げだなんて
兄・寛信
民間企業なら
大体2〜3カ月は必要だよ
俺が秘書官になると決めたときは
1日で新聞社を辞めたぞ

私はいずれ政治家になると考えていましたから秘書官になることに抵抗はなかったのですが
突然のことで会社に迷惑をかけるのが辛く
自分の出馬の時は祖父や家族に反対され「離婚してでも出る」とママを泣かせた父が嫌で仕方がありませんでした
決心したのは父に言われた9日後最後は背中を押してくれた課長の前で人目もはばからず号泣してしまいました
結局 一週間でなんとかすることになったのですが机の片づけに手間取り
父の秘書官として外務省に籍を置いたあとも仕事の合間や夜に会社へ片づけに行きました
父の秘書官時代は政財界に顔を売るための宴席や冠婚葬祭 挨拶回りが主な仕事でした
父は饒舌な政治家ではなかった細かな経緯の説明が嫌いであった
折々の感想や抱負見通しをメモ帳に残す習慣はあった新聞記者のくせが身についていたのかも知れない
ピコピコ

一〇・昭恵夫人との出会い

一方　安倍家では
晋三の結婚問題が持ち上がっていた
男は所帯を構えて一人前だぞ
誰かいい人いないかしら？
元山口新聞東京支局長
濱岡博司氏
電通の知り合いに　いいお嬢さんがいないか聞いてみましょう
いい人いましたよ！
森永製菓の
社長令嬢です！
こうして
晋三と昭恵の正式な顔合わせとなったが
もう30分…
帰りますか…
イラ
イラ
イラ
つきそい
昭恵さん　遅いなあ
実は晋三と昭恵は
初対面ではなかったようだ…
ごめんなさああああああい！
二人は意気投合した
あとは若い人たちに…

当時90才となる祖父の岸信介は
風邪をこじらせて入院しており
死期が迫っていた
おじいちゃまが
生きてるうちに
早く結婚式挙げて！
1987年6月
二人は新高輪プリンスホテルで
盛大な結婚式を挙げた
政治家の家庭は大変な気がして
最初は気乗りしなかったんですが
夫が
政治家の妻の心得は
僕が教える！
なんて言うもんだから
私もホッとしました
昭恵は
奔放な女性で
酒豪で男勝りな
面もありますが
逆に夫婦というより
友だちみたいな感覚で暮らしてきました
キャハハハ
酒

ところで気になるのは
嫁姑の関係ですが
同居していた
義母は特別に言葉で言うことは
ほとんどありませんでしたが
その姿から学ぶことは
多くあります
義母が以前話していた
「何事も心を込めてする」
ということは
私も見習いたいことの
一つです
…って
なかなかできませんけど
くるっ
だが　昭恵が　古事記に登場する女神「アメノウズメ」から
命名した居酒屋「UZU《うず》」を2012年に出店してからは…
いざいざいざ…居酒屋あああ？
元総理夫人が何を考えてるの！
ワナ　ワナ　ワナ
気の強い洋子は　全国を飛び回る
昭恵をきつく叱ったといわれている
それ以来　昭恵は洋子のもとに寄りつかなくなったという
よけいに
全国とびまわります

政治評論家 有馬晴海氏
結婚以来 昭恵さんは良き伴侶として 疲れて帰宅する安倍首相を 支えているそうです
安倍さんが帰ると お酒の入った昭恵さんが…
ガチャッ
フラダンスを踊って 明るく出迎えてくれるそうです
おかえりいいいいい！
バァァァァン
首相就任以来初の BBCインタビューで
自分が総理大臣として 仕事ができるのも 妻の役割が大きい 時代は変わった 妻に今後もパートナーシップ として いろいろ サポートしてもらいたい
そんな安倍首相の強い意向で 夫人をバックアップする ために新設されたのが 「総理公邸連絡調整官」だ
キャッ キャッ
キ
昭恵氏の外交活動時の 会話から服装 立居振る舞いまで助言する
森友学園で籠池さんに FAXを送った 「谷査恵子」さんですね

二・リクルート事件と父の死

1コマ目／朝日新聞　1988年7月6日より

おい 晋三
次は リクルート疑惑です
リクルート資金
今度の件 お前ならどうする？
リクルートから金もらったんだ 辞任すべきだ！
もっと積極的に説明すればいいんですよ！
質問される前に ぜーんぶ話すんですよ！
……
政治は そんなに 単純なものじゃ ないんだ
3年後の1991年5月15日 総裁候補と目されていた 父・晋太郎がすい臓がんのため死去
リクルート事件は晋太郎の死により 洋子の顧問料の件も含め これ以上 追及されることはなくなった
今では隠すばかりか 改ざんまでするというのに 信じられないセリフですよねえ

二・拉致問題への取り組み

晋三　拉致問題と出合う
北朝鮮による日本人拉致事件の存在を
政府が認めた初めての答弁は
1988年3月26日参議院予算委員会にて
日本共産党の橋本敦議員によるものだ
橋本議員は
1978年に福井県、新潟県、鹿児島県で
発生した若年男女の行方不明事件
富山県高岡市で発生した拉致未遂事件
李恩恵および金賢姫等について質問
梶山静六国家公安委員長は
拉致の疑いが濃厚であるとの
見方を示した
それから半年後の1988年9月末
衆議院第一議員会館602号室を
白髪交じりの中年男性が訪れた
1983年に留学先で消息を絶った
有本恵子さんの父、明弘さんであった
安倍晋太郎事務所に突然訪ねてきた
この男性との出会いが
晋三が拉致問題にかかわる始まりだった
対応したのは
晋太郎の秘書
飯塚氏であった
事実とすれば
大変なことだ！
飯塚氏は
外務省北東アジア課
職員の所へ同行し
警視庁外事課にも
電話を入れた
翌日、飯塚氏は晋三に一部始終を伝えた
ひどい話じゃないか
人権侵害もいいところだ
国益が著しく侵されている問題を
黙って見過ごすことはできないな

それから半年後
再び上京してきた有本夫妻と晋三は対面
拉致被害者家族との最初の面会である
晋太郎も飯塚氏や
晋三から有本さんの
話を聞き
警視庁に出向いた
偶然にも
警視庁には
晋三の元家庭教師
平沢勝栄氏がいた
当時は「拉致問題」ではなく
「拉致疑惑」と言われてましたね
調査は待った
その頃は金丸信さんの全盛時代
父は「調査しろ」と言っていたけど
金丸さんは「あまり問題にするな」と
1997年5月16日衆議院外務委員会で
晋三は初めて拉致問題を取り上げる
我が国政府が当然
守らなければならない人命と人権が
まさに侵害されている
国家としての義務を
放棄しているのに等しいと思う
この年3月25日
横田めぐみさんの拉致疑惑が表面化し
拉致被害者家族連絡会が発足していた
にもかかわらず拉致疑惑は
世間から相手にされず
自民党内からも冷ややかな反応だった
大きく動き始めるのは
小泉内閣になってからだった…

一三・新人議員時代

1993年に晋三は
父の地盤　看板　かばんを引き継ぎました
祝・初当選
後援会
これは地盤ですね
知名度というか名前
これが看板ですね
そして「かばん」
つまりお金を受け継ぎましたので
何ら資金で苦労することなく
第40回衆議院議員総選挙に
山口1区から出馬し初当選しました
…実は　この「かばん」は
第一次安倍政権で首相が突如
辞任した原因の一つと言われました
ムカ
僕は世襲議員とのご指摘　ご批判も
多くいただきましたが
なにが悪い！
地盤　看板　かばんの三バンは
議員にとって不可欠な条件です！
麻生太郎さんだって
同じように三代にわたる
世襲議員じゃないですか
あそーさん
若い頃
親が築いた三バンを
みすみす捨てる
手はありませんよ

晋三は1994年に設立された「終戦50周年国会議員連盟」の事務局長代理を務めた
議連ではこのような運動をしていた
占領政策ならびに左翼勢力に歪められた自虐的な歴史観を見直す
日本人の名誉と誇りを回復
公正な史実に立って自らの歴史を取り戻す
1995年6月 衆院本会議で終戦50周年国会決議として「歴史を教訓に平和の決意を新たにする決議」が採択された
先の大戦の植民地支配や侵略的行為への深い反省の念を表明
ところがその文言に「終戦50周年国会議員連盟」を中心とした自民党内の一部議員が反発
もちろん当時新人議員だった晋三もそのうちの一人である
僕はこの決議を抗議の意味で欠席しましたよ

1999年に安倍氏は厚生委員会理事であり
年金行政のトップにいたのは一貫して
自民党の厚労族が占めていたのは明らかだった
自民党厚労族のドンには
橋本龍太郎元首相が
君臨していたが
橋本氏亡き後は
厚労相の経験もある
小泉純一郎元首相
丹羽雄哉
自民党総務会長が並び
それに続くのは
NAISグループ
塩崎恭久(S)
石原伸晃(I)
安倍晋三(A)
根本匠(N)
小泉―安倍と続く
清和会政権の中枢が
厚労族で
占められていることが
ハッキリわかる
第一次安倍内閣時に
国民に大きな怒りを呼び起こした
「消えた年金問題」だ
年金手帳
年金手帳
社会保険庁
保険庁
公的年金の記録漏れ
5095万件が発覚
当時、安倍首相は
人のせいにしようとしていたが
先行き不明の
システムをつくったのは
民主党の菅さん!
安倍首相ら4人は
「年金NAISグループ」を結成して
制度改革の先頭に立ち
年金改革は我々の実績!
年金改革は
NAISグループ!!
…と、ホームページで誇示していた
安倍政権の中枢は
長年、年金行政に
関わってきた
いわば「年金のプロ」
本当に消えた年金に
気づいてなかったのだろうか…

一四・火炎瓶放火未遂事件

そんな頃「火炎瓶放火事件」が起こる
ゴォォォォォォ
主人は2000年に秘書のことで誰かから脅かされてたんです
「百万、二百万払えばなかったことにしてやるそうじゃないと週刊誌に売る」みたいな
主人は事務所にも
絶対にお金は払うな
…って言ってたんですよ
そうしたら家のガレージに
主人はすぐに放火だとわかったんでしょうね！何かしら武器をもって行かなきゃと傘をもって飛び出して行って
朝方になって近所も落ち着いて私も寝なきゃとベッドを見たら主人はもうガーッて寝てて
すごいな、この人って思いました
犯人は主人を殺そうと思っていなかったはず
殺す気なら火炎瓶をガレージではなく家の方に投げるはずですからね本当に脅かしなんです

この事件は地元の土地ブローカーが
1999年の下関市長選に協力した見返りの
約束を安倍氏側が果たさないことに
腹を立て　暴力団に依頼して
安倍邸付近に火炎瓶を投げ込んだ
5連続放火事件なのです
地元安倍事務所の秘書が
このブローカーと昵懇で
対立候補を中傷するビラ撒きを依頼
安倍事務所の秘書はこのブローカーに
300万円を絵画の買取名目で支払った
ところが　突然このブローカーは恐喝容疑で
逮捕されたが、前科8犯なのに起訴猶予と
なり釈放となった不可解な事件なのです
（詳細は本文で）
晋三が
車3台も全半焼する
大火事にもかかわらず
そのまま眠りについたのは
昭恵が語るように
放火に殺す意思はなく
あくまで脅かしであること
しかも犯人がだれであるかも
わかっていたからで
ないでしょうか
「念書」の約束守れ！
犯人を3年後に捕まえたのは
福岡県警と山口県警の
合同捜査本部だった
現職国会議員への放火未遂事件
だったが
取材を開始したのは
『噂の眞相』と「共同通信」だけだった
「共同通信」は記事が完成していたのに
突然ボツとなり
取り上げたマスコミは
『噂の眞相』だけであった

一五・タカ派の貴公子として

2000年7月 第二次森内閣で晋三は内閣官房副長官に就任
ところが官房副長官時代の晋三は大した実績を残せなかった
むしろ政治家として最初の舌禍事件を引き起こす
2002年5月13日午後1時 早稲田大学十四号館地階101室 田原総一朗氏が塾頭を務める「大隈塾」で
「21世紀 日本の構想」
テーマ「危機管理と意思決定」
ゲストスピーカーとして登場した晋三は核武装についての持論を展開する
憲法上は原子爆弾だって所持しても問題ない
小型であれば原子爆弾の保有や使用も問題ない！
その発言は、当然ながらのちに問題に
オフレコ発言だ！勝手に録音して外部に出して揚げ足取り！卑怯でルール違反じゃないか！
しかし皮肉にも この発言を機に晋三は仲間のタカ派議員たちから
「タカ派の貴公子」と見られるようになっていくのである

「タカ派の貴公子」に目をつけたのが
元駐タイ大使の岡崎久彦氏である
2001年初夏
岡崎氏は、安全保障研究の第一人者
佐瀬昌盛氏の自宅に電話した
佐瀬氏は『集団的自衛権』
という本を出版したばかりだった
政治家を教育するには
最高の教科書ですね
どうやって
政治家を
教育するんだ
各個撃破だ
一人ひとり
していこう
誰から始める?
安倍晋三だ
あいつはぶれない
2002年初め 晋三と佐瀬昌盛氏は
東京駅八重洲口近くで再会する
はじめまして
会ったことあるよ
ニヤ ニヤ
面接試験やったよ

一六．幹事長に抜擢

2003年9月20日 自民党総裁選の直前
今度の人事だが 君は副幹事長でいいね？
はい 結構です
ただ一つだけお願いがあります
私を本部長とした 拉致問題対策本部を党に設置する ことを認めてもらいたいのですが
総裁選で小泉の再選が決まったあとの 深夜十一時過ぎ
誰だろう？ 深夜に
非通知
小泉です 遅くにスマンが… 実は君に重責を担ってもらうことに なるかもしれない 逃げるなよ 君 逃げないようにしてくれよ
幹事長にぜひなってもらいたい 迷うことはない いいね？
わかりました 全身全霊を打ち込んで 幹事長をやります！ よろしくお願いします！
晋三の幹事長抜擢は 「サプライズ人事」として話題になった

2002年9月17日 日朝首脳会談が行われた
その席で北朝鮮側は日本人13人を拉致したことを認め口頭であったが謝罪
犯人については「一部の妄動主義者、英雄主義者」のせいとし金正日の責任を回避
両者は「日朝平壌宣言」に署名し拉致問題の解決 植民地支配の過去の清算 日朝国交正常化交渉の開始 などで合意した
私は小泉首相の北朝鮮訪問に随行し「安易な妥協はすべきではない」と小泉首相に再三進言しました
また当時は 拉致被害者5人を帰国させた後 拉致被害者を北朝鮮に一時帰国させる方針にも反対し
対北朝鮮強硬派の方たちからは多くの支持を頂きました
…とありますが 小泉元首相の本『決断のとき』に その記述は見当たりません
当時、安倍内閣官房副長官が小泉訪朝を知ったのは2002年の8月30日 訪朝発表の直前だった
訪朝を1年近く準備していたのは 当時、外務省アジア大洋州局局長だった 田中均氏
強硬派の晋三はどうやら蚊帳の外だった

当時、ブッシュ大統領は北朝鮮を「悪の枢軸」と名指し
「戦争の準備を止めれば経済的に豊かになる」と私は金正日総書記に決断を迫りました
あのまま日朝交渉が再開されたら対話の中で拉致問題も全面解決に持っていこうと思っていました
ところが日本に帰ったら「5人の帰国では少ない」と厳しく非難されました
今は一定の評価をされていますが当時は「拉致問題も解決しないのに国交正常化なんてとんでもない」という論調が強かった
そのうち北朝鮮も対話の窓口を閉ざしてしまいました
「金正日から謝罪と経緯の報告がなければ席を立つべき」と小泉首相に進言した晋三は「拉致の安倍」「強気の安倍外交」と称えられ注目されるようになったのです
「当時は5人の被害者を北朝鮮に戻すという流れだったが私は断固として反対した」拉致問題は「あらゆる手を尽くす」「家族と抱き合う日まで」
ミサイルがとんでくるぞーJアラートだー
「南北、米朝首脳会談の際に拉致問題が前進するよう私が司令塔になって全力で取り組む」

2004年に晋三は岡崎久彦氏と共著『この国を守る決意』（扶桑社）を出版
この国を守る決意
安倍晋三 岡崎久彦
この男がいなければ拉致被害者はどうなっていたか!
岡崎氏はこの本で
集団的自衛権は「チャンス」だ 自衛隊は戦争に参加できるようになりますよ
などと語っている
晋三も負けじと熱く語っている
軍事同盟というのは血の同盟であって日本人も血を流さなければアメリカと対等な関係になれない
つまり イラク戦争で「アメリカと一緒に暴れることができていたら日米英で共同統治できていたのに残念」ということだ
価値観が19世紀…
二人の考え方のもとは「大国主義」です 明治以来 欧米に追いつき追い越せと富国強兵に励んできた「大国が小国を支配する」という価値観
何言ってるんだ! イラク戦争で集団的自衛権を行使していれば日本は**世界三大国**になってましたよ!
はー?

一七．戦後最年少の総理大臣

2005年10月31日 第三次小泉改造内閣で晋三は内閣官房長官として初入閣
ポスト小泉の最有力候補となった
そして2006年9月の総裁選 晋三は麻生太郎氏 谷垣禎一氏を大差で破り自由民主党総裁に
9月26日の臨時国会で戦後最年少 戦後生まれでは初の内閣総理大臣に就任した
初めての組閣で晋三は大臣にたくさんのお友達を登用し
お友だち内閣と揶揄されました
そして側近中の側近ともいえる総理大臣筆頭秘書官に経産省の前資源エネルギー庁課長（当時）の今井尚哉氏
叔父の善衛氏は戦前岸信介の部下 また今井家と安倍家は昭恵夫人を通じて縁戚関係だ
今井氏は影の総理と言われている

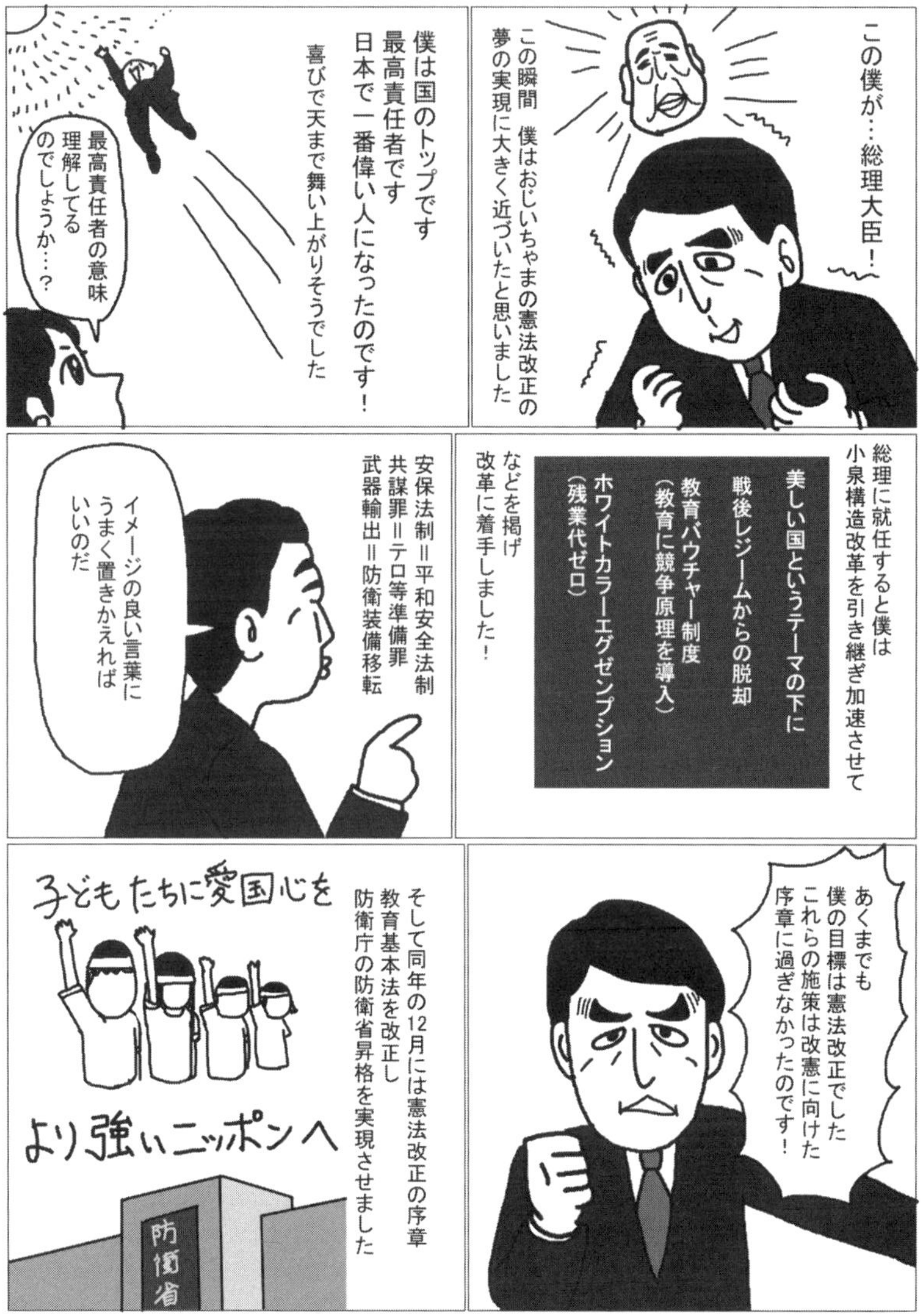
この僕が…総理大臣！
この瞬間　僕はおじいちゃまの憲法改正の夢の実現に大きく近づいたと思いました
僕は国のトップです
最高責任者です
日本で一番偉い人になったのです！
喜びで天まで舞い上がりそうでした
最高責任者の意味理解してるのでしょうか…？
総理に就任すると僕は小泉構造改革を引き継ぎ加速させて
美しい国というテーマの下に
戦後レジームからの脱却
教育バウチャー制度（教育に競争原理を導入）
ホワイトカラーエグゼンプション（残業代ゼロ）
などを掲げ改革に着手しました！
安保法制＝平和安全法制
共謀罪＝テロ等準備罪
武器輸出＝防衛装備移転
イメージの良い言葉にうまく置きかえればいいのだ
あくまでも僕の目標は憲法改正でした これらの施策は改憲に向けた序章に過ぎなかったのです！
そして同年の12月には憲法改正の序章
教育基本法を改正し
防衛庁の防衛省昇格を実現させました
子どもたちに愛国心を
より強いニッポンへ
防衛省

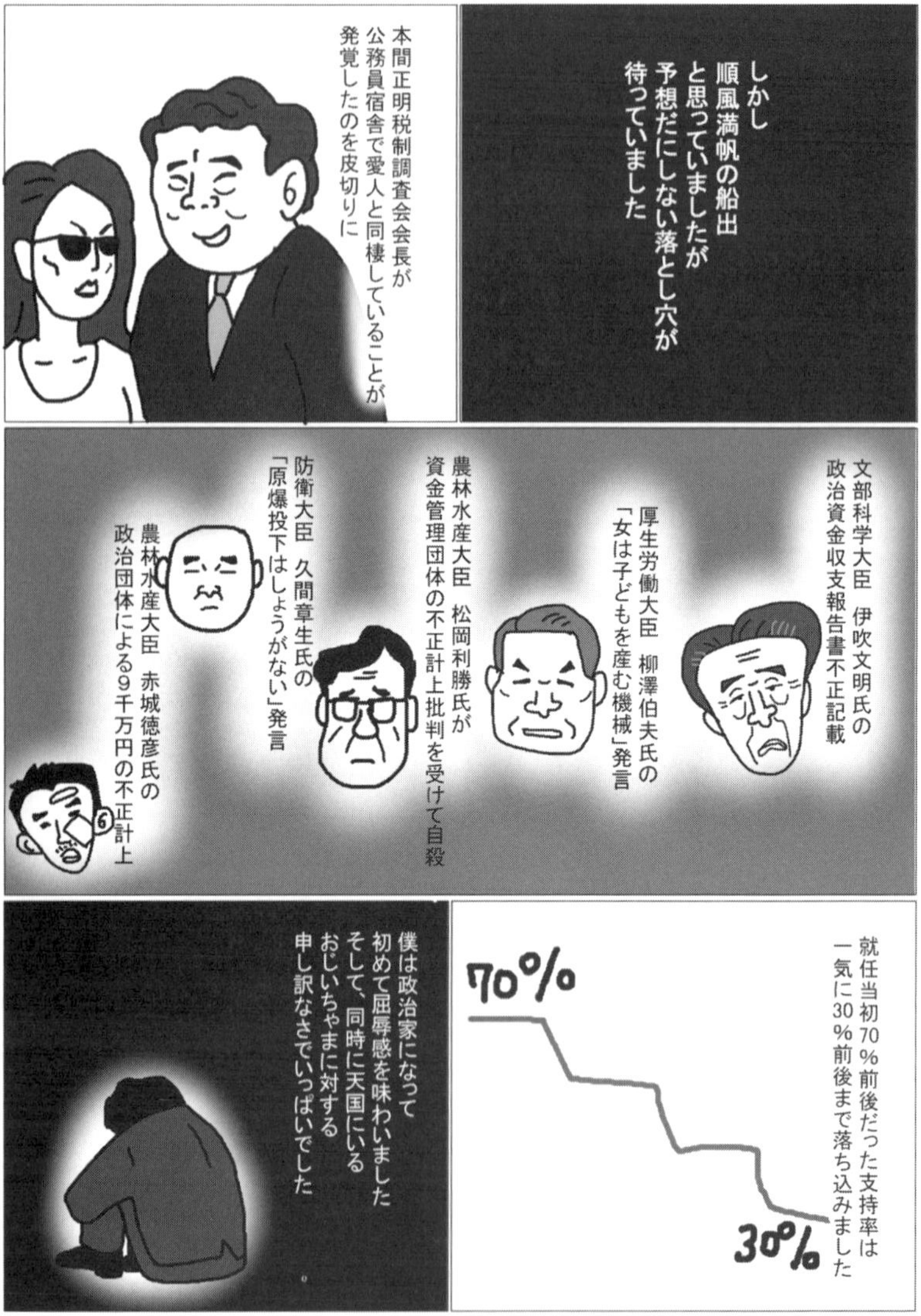
しかし
順風満帆の船出
と思っていましたが
予想だにしない落とし穴が
待っていました
本間正明税制調査会会長が
公務員宿舎で愛人と同棲していることが
発覚したのを皮切りに
文部科学大臣　伊吹文明氏の
政治資金収支報告書不正記載
厚生労働大臣　柳澤伯夫氏の
「女は子どもを産む機械」発言
農林水産大臣　松岡利勝氏が
資金管理団体の不正計上批判を受けて自殺
防衛大臣　久間章生氏の
「原爆投下はしょうがない」発言
農林水産大臣　赤城徳彦氏の
政治団体による9千万円の不正計上
就任当初70％前後だった支持率は
一気に30％前後まで落ち込みました
70%
30%
僕は政治家になって
初めて屈辱感を味わいました
そして、同時に天国にいる
おじいちゃまに対する
申し訳なさでいっぱいでした

一八・内閣総理大臣を辞任

このまんがは、安部晋三氏の自著やインタビュー、記事などを参考にしてまとめたフィクションです。

岸・安倍家三代年表

西暦	和暦	岸・安倍家三代
一八九四	明治二七	**八月・日清戦争始まる**
一八九六	明治二九	祖父・岸信介―一一月一三日・山口県熊毛郡田布施村に生まれる　岡山中学・山口中学↓第一高等学校↓東京帝国大学法学部
一九〇四	明治三七	**二月・日露戦争始まる**
一九一二	明治四五	七月三〇日・明治天皇崩御
一九一四	大正三	**八月・日本、ドイツに宣戦布告**
一九一九	大正八	信介―良子と結婚
一九二〇	大正九	信介―東京帝国大学法学部法律学科を首席で卒業。七月・農商務省に入省
一九二一	大正一〇	一一月二五日・皇太子裕仁親王、摂政に
一九二三	大正一二	七月・農商務省文書課に配属
一九二四	大正一三	父・安倍晋太郎―四月二九日・政治家 安倍寛、静子夫妻の長男として東京市四谷区に生まれる。山口で幼少期を過ごす。山口県大津郡日置村（のちに油谷町、現在は長門市）で育つ。山口中学↓第六高等学校↓海軍滋賀航空隊↓東京大学法学部
一九二五	大正一四	信介―四月・農商務省が農林省と商工省に分割され、商工省に配属される。八月六日・久保ウメ誕生
一九二六	大正一五	一二月二五日・大正天皇崩御
一九二八	昭和三	**六月・張作霖爆殺事件起こる** 六月一四日・母 洋子誕生（東京市中野区）
一九二九	昭和四	**一〇月・世界恐慌始まる**
一九三一	昭和六	**九月・満州事変起こる**
一九三二	昭和七	**三月・満州国建国宣言** **五月・五・一五事件**
一九三三	昭和八	信介―一二月・商工大臣官房文書課長に
一九三四	昭和九	**三月・満州国帝政実施**
一九三五	昭和一〇	信介―商工省工務局長に
一九三六	昭和一一	**二月・二・二六事件** 信介―一〇月・商工省に辞表を提出。満州国実業部総務司長として、満州へ赴任
一九三七	昭和一二	信介―七月・産業部次長に。晋太郎―父・寛、衆議院議員選挙に出馬、四月三〇日・初当選（無所属） **七月・盧溝橋事件起こる、日中戦争開始**
一九三九	昭和一四	**九月・第二次世界大戦勃発** 信介―三月・総務庁次長に。一〇月・満州から帰国。阿部内閣の商工次官に就任。その後の米内内閣、近衛内閣でも留任
一九四〇	昭和一五	**九月・日独伊三国同盟調印**
一九四一	昭和一六	**四月・日ソ中立条約締結** 信介―企画院事件をめぐり近衛首相・小林商工大臣との間に亀裂が生じ、辞表を提出 一〇月一八日・東条英機内閣発足 信介―東条英機内閣に商工大臣として初入閣 **一二月八日・ハワイ真珠湾攻撃**

一九四二	昭和一七	信介—四月・国務大臣だったが、第二一回衆議院議員総選挙（翼賛選挙）に出馬して地元の山口2区で初当選
一九四三	昭和一八	信介—一〇月八日・国務大臣、一一月一日・国務大臣兼軍需次官（東条内閣）に就任
一九四四	昭和一九	七月一八日・東条内閣総辞職 信介—七月・内閣改造に伴う閣僚辞任を拒否。閣内不一致によって、東条内閣を総辞職に追い込む。晋太郎—東京帝国大学に推薦入学。海軍滋賀航空隊に予備学生として入隊（終戦後、東大法学部に復学）
一九四五	昭和二〇	**二月・ヤルタ会談** 八月一〇日・終戦に向けた極秘会議で公文書焼却指示書を作成 **八月・広島、長崎に原爆投下** **八月一四日・日本政府は御前会議でポツダム宣言受諾を決定するとともに重要機密文書の焼却も決定した。**陸軍は各部隊、官衙、学校などに機密文書の焼却を指令。陸軍省、参謀本部など陸軍中枢機関の所在した市ヶ谷台などでは数日にわたり大量の秘密文書が焼却された **八月一五日・天皇、戦争終結の詔書を放送（玉音放送）、八月三〇日・連合国軍最高司令官マッカーサー元帥、厚木に到着** 信介—親東条の大日本政治会には加わらず、反東条の護国同志会と連携、「防長尊攘同志会」を結成。九月一五日・A級戦犯被疑者の申告を受け、一二月・巣鴨プリズンに収監される
一九四六	昭和二一	**一月一日・天皇、人間宣言　一一月三日・日本国憲法公布（翌年五月三日施行）** **信介—四月二九日・起訴を免れる** 一月三〇日・祖父 寛逝去、享年52才
一九四八	昭和二三	信介—一二月二四日・釈放 公職追放で浪人に
一九四九	昭和二四	晋太郎—東京大学法学部政治学科を卒業。四月・毎日新聞社に入社。社会部→政治部記者として活躍 **一〇月・中華人民共和国建国** 信介—一二月・箕山社（岸事務所）設立
一九五〇	昭和二五	**六月・朝鮮戦争勃発　日本に特需景気起こる** 晋太郎—六月・洋子と見合い
一九五一	昭和二六	**九月・サンフランシスコ講和条約調印、日米安全保障条約調印** 晋太郎—五月五日・洋子と結婚
一九五二	昭和二七	**四月・中華平和条約調印** **信介—サンフランシスコ講和条約の発効**に伴い、四月二八日・公職追放解除。日本再建連盟を結成、顧問に就任 五月三〇日・晋三の兄 寛信が誕生
一九五三	昭和二八	三月一四日・衆議院解散（バカヤロー解散） 信介—三月・日本自由党に入党。四月一九日・公認候補として第二六回衆議院議員総選挙に出馬し当選

一九五四	昭和二九	**七月一日・防衛庁、自衛隊発足** 信介—一一月八日・自由党を除名される。一一月二四日・鳩山一郎と共に日本民主党を結成し、幹事長に就任。安倍晋三—九月二一日・晋太郎と洋子の次男として東京に生まれる
一九五五	昭和三〇	信介—八月に訪米し、ダレス国務長官と重光外相の会談に同席。十一月に結成された新党・自由民主党の初代幹事長に。「五五年体制」が始まる
一九五六	昭和三一	**一〇月・日ソ国交回復** **一二月・国際連合加盟** 信介—一二月一四日・自由民主党総裁選に立候補するも七票差で石橋湛山に敗れる。一二月二三日・石橋内閣の外務大臣に就任。晋太郎—一二月・毎日新聞社を退社。義父・信介のもとで外相秘書官に
一九五七	昭和三二	**二月二五日・岸信介内閣成立** 信介—一月・石橋首相が突然老人性急性肺炎に倒れ、首相臨時代理を務める。二月二五日・第五六代内閣総理大臣に（晋三—2歳半の頃）五月二〇日・信介、首相として戦後初の東南アジア諸国歴訪　晋太郎—二月・首相秘書官に
一九五八	昭和三三	六月一二日・第二次岸内閣成立 信介—四月・衆議院を解散。五月の総選挙で勝利し、第五七代内閣総理大臣に。六月一二日・第二次岸内閣が発足。晋太郎—五月二二日・山口1区から衆院選に出馬。第二八回衆議院議員総選挙で初当選（自由民主党）。両親は選挙のために不在がちとなる
一九五九	昭和三四	四月一〇日・皇太子明仁親王結婚 四月一日・晋三の弟 信夫が誕生。生後すぐ岸家の養子になる
一九六〇	昭和三五	信介—一月に訪米し、アイゼンハワー大統領と会談。新安保条約の調印と同大統領の訪日で合意。五月・新安保条約、強行採決　六月・反安保闘争の激化により、アイゼンハワーの訪日中止。新安保条約の自然成立。六月二三日・総理退陣表明　七月一五日・混乱の責任を取る形で岸内閣総辞職
一九六一	昭和三六	晋三—四月・成蹊小学校入学
一九六二	昭和三七	**一〇月・キューバ危機**
一九六三	昭和三八	**一一月・米大統領、ケネディ暗殺** 晋太郎—一一月二一日・三期目の衆院選に出馬するも落選
一九六四	昭和三九	**一〇月・東京オリンピック開催** 信介—弟・佐藤栄作が一一月九日・第六一代内閣総理大臣に就任
一九六五	昭和四〇	**二月・米軍、ベトナムの北爆開始**
一九六六	昭和四一	**八月・中国、文化大革命**
一九六七	昭和四二	晋太郎—第三一回衆議院議員総選挙で返り咲く。農林政務次官に。晋三—四月・成蹊中学校進学
一九七〇	昭和四五	晋三—四月・成蹊高等学校進学。在学中に、倫理社会の教師に安保条約のことで、授業でブラフをかける

一九七二	昭和四七	七月六日・佐藤内閣（第3次）総辞職 九月二五日・田中首相訪中、二九日・日中共同声明（国交正常化）
一九七三	昭和四八	**一月・ベトナム和平協定調印** **一〇月・第一次オイルショック** 晋三─四月・成蹊大学法学部政治学科進学。アーチェリー部に所属
一九七四	昭和四九	一〇月八日・佐藤栄作ノーベル平和賞 晋太郎─一二月九日・三木内閣に農林大臣として初入閣
一九七五	昭和五〇	六月三日・佐藤栄作逝去、享年74歳
一九七六	昭和五一	**二月・ロッキード事件表面化** 晋太郎─一二月・自由民主党国会対策委員長に
一九七七	昭和五二	晋太郎─一一月二八日・福田赳夫改造内閣の内閣官房長官に。 晋三─成蹊大学法学部政治学科を三月卒業。語学留学のため渡米。語学学校 へイワード校入学。南カリフォルニア大学政治学科に籍を置きながら政治学の単位は取得できず
一九七八	昭和五三	八月・中日平和友好条約調印
一九七九	昭和五四	信介─国連平和賞受賞、政界引退。晋太郎─一一月二六日・自由民主党政務調査会長となる 晋三─二年間の留学生活を終え帰国。株式会社神戸製鋼所に入社。嘱託としてニューヨーク事務所に配属
一九八〇	昭和五五	信介─六月一四日・妻・良子逝去、享年80歳
一九八一	昭和五六	晋太郎─政調会長退任。一一月三〇日・鈴木善幸改造内閣で通商産業大臣に
一九八二	昭和五七	信介─一月・自民党最高顧問に就任 晋太郎─一一月二四日・自民党総裁予備選挙に出て第3位。一一月二七日・中曽根内閣の外務大臣に。以後、連続四期務める。晋三─一一月・神戸製鋼所退社。一二月・外務大臣秘書官に
一九八四	昭和五九	**グリコ・森永事件起こる**
一九八六	昭和六一	衆参同日選挙で自由民主党圧勝、衆院三〇〇議席台 晋太郎─七月二二日・自由民主党総務会長となる
一九八七	昭和六二	竹下総裁誕生 **一一月・大韓航空機爆破事件** 信介─八月七日・逝去、享年90歳。 晋太郎─一〇月二〇日・中曽根裁定で敗れる。竹下登内閣で自由民主党幹事長に。 晋三─五月・地元の有権者に推され「参院補選立候補問題」が浮上、出馬に意欲を見せる。六月九日・松崎昭恵と結婚（前月二三日には兄・寛信、牛尾幸子と結婚）。六月一三日・下関にて兄とともに合同結婚披露宴、選挙区内の調整がはかれず父・晋太郎が「晋三の補選出馬断念」と披露宴で発表。一〇月・父 晋太郎の幹事長秘書に
一九八八	昭和六三	**リクルート事件発覚、戦後最大の企業犯罪・贈収賄事件　晋太郎・洋子とも関わりがあった**

一九八九	昭和六四	一月七日・昭和天皇崩御
	平成元	四月・消費税3%導入 **六月・天安門事件** **一一月・ベルリンの壁崩壊** 晋太郎―四月・緊急入院。五月・すい臓癌の手術
一九九〇	平成二	金丸訪朝―金丸信元副総理と田辺誠社会党副委員長随行
一九九一	平成三	**一月一七日・湾岸戦争勃発　一月三〇日・第一回日朝国交正常化交渉始まる。四月二六日・海上自衛隊の掃海艇、ペルシャ湾へ（自衛隊初の海外派遣）　一二月・ソ連崩壊** 晋太郎―病身を押してソ連初代大統領ゴルバチョフの訪日に尽力。四月・ゴルバチョフと会談。五月一五日・逝去、享年67歳 晋三―七月・次期衆院選出馬を表明
一九九二	平成四	**二月・東京佐川急便事件　九月・PKOによる自衛隊のカンボジア派遣部隊出発**
一九九三	平成五	七月一八日・第四〇回総選挙、自民党歴史的大敗。八月九日・細川内閣発足、自民党初の野党に 晋三―一月二〇日・クリントン大統領就任式に招かれ出席する。七月一八日・衆議院選挙山口1区初出馬、トップ当選。八月・外務委員に指名される。自民党の「歴史・検討委員会」の委員となる
一九九四	平成六	晋三―一二月一日・「終戦五十周年国会議員連盟」結成と共に事務局次長となる。この「議員連盟」は、神道系を中心とした集団と連携して「終戦五十周年国民運動実行委員会」を運営し、「日本は侵略国家ではなかった」「戦争に反省する決議には反対する」という主張を盛り込んだ決議を、全国二六県議会、九〇市町村議会で可決させた
一九九五	平成七	**一月一七日・阪神淡路大震災**
一九九六	平成八	**一二月・ペルーで日本大使公邸人質事件起こる** 晋三―自由民主党青年局長に。「明るい日本国会議員連盟」の幹部になる。一〇月二〇日・衆議院議員に再当選（山口4区）
一九九七	平成九	四月・消費税5%導入　晋三―二月・「日本の前途と歴史教育を考える若手議員の会」事務局長
一九九八	平成一〇	**二月・長野オリンピック開催**
一九九九	平成一一	晋三―自民党社会部会長として介護保険制度導入を手がける
二〇〇〇	平成一二	六月・南北首脳が初会談 七月・沖縄サミット 晋三―**六月一七日・山口県下関市にある自宅の倉庫兼車庫に放火される** 六月二五日・衆議院議員に3度目の当選 六月二七日・安倍事務所放火未遂事件 七月・第二次森内閣の内閣官房副長官に。翌年の第一次小泉内閣でも留任

二〇〇一	平成一三	五月・金正日の長男、金正男の不法入国騒動。 **九月一一日・アメリカ同時多発テロ事件起こる。** 一二月二二日・奄美大島沖で不審船、海上保安庁巡視船との銃撃戦の後、自沈 四月・小泉内閣発足 晋三―官房副長官に再任
二〇〇二	平成一四	五月・日韓共催によるサッカーW杯開催 **九月一七日・平壌で日朝首脳会談、金正日が拉致を認め謝罪。一〇月一五日・拉致被害者5人帰国** 晋三―**五月一四日・早稲田大学で「核兵器の使用は違憲ではない、小型であれば」と発言** 九月・小泉首相の北朝鮮訪問に随行。対北朝鮮強硬姿勢で人気を得る。九月三〇日・官房副長官（小泉第一次改造内閣）留任。一〇月・再開した日朝国交正常化交渉を主導。一二月・ベストドレッサー賞受賞（政治・経済部門）
二〇〇三	平成一五	一月・北朝鮮拉致被害者等支援法施行 **三月・イラク戦争始まる** 五月・日米首脳会議 一一月・日本人外交官殺害事件 晋三―五月三一日・富山市で講演、北朝鮮への対話重視派を批判。七月一四日・横浜市で講演、「北朝鮮の瀬戸際外交に譲歩せず」と発言 九月・小泉第二次改造内閣で自由民主党幹事長に　一一月・三年前の安倍邸放火未遂事件の犯人逮捕される
二〇〇四	平成一六	晋三―七月の参議院議員選挙の結果を受け、自由民主党幹事長を辞任。九月・第二次小泉改造内閣で幹事長代理に。同党改革推進本部長に就任
二〇〇五	平成一七	晋三―一〇月・第三次小泉改造内閣で官房長官に。訪米しライス氏やチェイニー氏と会談
二〇〇六	平成一八	晋三―再チャレンジ推進会議発足、議長に就任。九月二〇日・自民党総裁に。九月二六日・第九〇代内閣総理大臣に。一〇月・中国・北京で胡錦濤国家主席と、韓国・ソウルで盧武鉉大統領と会談。一二月・教育基本法改正、防衛庁の省昇格が成立
二〇〇七	平成一九	晋三―四月・アメリカ訪問。六月・ハイリゲンダム・サミットに参加。七月・参議院議員選挙で自民党が敗北するも、総理続投を表明。八月・インドネシア、インド、マレーシアの三ヵ国を訪問。 九月一二日・突然の退陣表明の記者会見。その翌日、入院。 九月二五日・安倍内閣総辞職
二〇〇八	平成二〇	『文藝春秋』二月号で晋三の「潰瘍性大腸炎」を発表

第二章

最強首相・安倍晋三を考える

～安倍話法と安倍史観～

Interview

元文科省事務次官 前川喜平氏に訊く！
読売新聞報道の舞台裏

Interview

『アクセスジャーナル』編集長 山岡俊介氏に訊く！
「昭恵夫人も語る、安倍邸放火未遂事件の真相」とは？

安倍話法を考える①

「ご飯論法」で論点をずらす

答えたくないときは「論点をずらす」

安倍首相や彼に忖度する大臣や官僚たちが使う、もっとも特徴的な話法に、「ご飯論法」がある。法政大学キャリアデザイン学部の上西充子《うえにしみつこ》教授と、ブロガーでマンガ評論家である紙屋高雪《かみやこうせつ》氏が発案し、命名したものだ。上西教授は現在、国会を可視化させるパブリックビューイングを通じて、不誠実な答弁が横行する国会審議を世間に伝える活動を行っている。

たとえば、こんなやり取りだ。

Q「朝ごはんは食べなかったんですか?」

A「ご飯は食べませんでした（パンは食べましたが、それは黙っている）」

Q「何も食べなかったんですね?」

A 「何も、と聞かれましても、どこまでを食事の範囲に入れるかは、必ずしも明確ではありませんので……」（上西充子教授のツイッター）

「朝ごはんは食べなかったんですか？」と聞かれて、パンを食べていたなら、ごく普通な回答は「食べました」だろう。しかし、何らかの理由（たとえば不都合な事情があるなど）で「食べました」と答えたくない場合、論点をずらそうとする心理が働き、独特の理屈を展開する。「朝ごはん」＝「朝食全般」について聞かれているのに、あたかも「ご飯（白米・玄米）」について問われているかのように、勝手に論点をずらして「ご飯は食べていません」と答えるのだ。実際に「朝ごはんを食べたか」については答えず、相手（国会の場合は、主に国民）に「朝ごはんを食べていなかったのか」と思わせることもできるだろう。

上西教授は、先にあげた会話に続くやり取りも紹介している。

Q 「では、何か食べたんですか？」
A 「お尋ねの趣旨が必ずしもわかりませんが、一般論で申し上げますと、朝食を摂る、というのは健康のために大切であります」
Q 「いや、一般論を伺っているんじゃないんです。あなたが昨日、朝ごはんを食べたかどうかが、問題なんですよ」

A「ですから……」（上西充子教授のツイッター）

質問の主旨を曖昧にして煙に巻く方法

安倍首相の国会答弁は、こうした話法を使ったやり取りが少なくない。私たちは国会中継を見るとき、「ああ、○○さんは、何か隠したいことがあるのかもしれないな」という観点を持って政治家の発言を受け止める必要があるのかもしれない。

安倍首相が実際に行ったご飯論法の一例を挙げておこう。

総裁選中の二〇一八年九月一七日、安倍首相がTBS『NEWS23』に出演したときのことだ。キャスターの星浩氏から、加計孝太郎理事長とゴルフや会食を頻繁に重ねたことの是非を問われて、

「ゴルフに偏見をもっておられると思います。今、オリンピックの種目になってますから。ゴルフがダメでですね、テニスはいいのか、将棋はいいのか、ということなんだろうと思いますよ」と持論を展開。

キャスターの質問の意図は、もちろんここにはない。「国務大臣、副大臣及び大臣政務

官規範」では「関係業者との接触に当たっては、供応接待を受けること、職務に関連して贈物や便宜供与を受けること等であって国民の疑惑を招くような行為をしてはならない」と定められていることを前提に、星氏は「学生時代からの友人であっても利害関係者との飲食やゴルフなどの交流を持つこと自体を、慎むべきではないか」と追及したのだ。しかし、安倍首相は「ゴルフはなぜ、いけないんだ」と、開き直って、質問の論点を曖昧にしてしまう。見ごとなすり替えというほかない。

そして、さらに「はっきりと申し上げたいのは、利害関係者から一円の献金も受けていないわけですから。加計さんからもそうですし、獣医師会からも一円も献金を受けていません」と続けた。「一円も献金を受けていない」と強く否定することで、視聴者に「間違った情報」を質問者はぶつけているのではないかという「印象」を植え付けながら、安倍首相は「相手が利害関係者であっても、以前からの友人だから問題ない」という独特の論理を展開（披露）した。

ちなみに、『週刊文春』二〇一七年四月二七日号には、加計氏が過去に加計学園の関係者に、「（安倍首相には）年間一億円ぐらい出しているんだよ。あっちに遊びに行こう、メシを食おうってさ」と発言。一方、安倍首相は、「加計さんは俺のビッグスポンサーなんだよ。学校経営者では一番の資産家だ」（前同号）とコメントしたとされている。

安倍話法を考える②

「二」「1」で強調して否定する

根拠なき事実ほど強調して言い切ること

二〇〇七年参議院選挙の政見放送で、安倍首相は消えた年金問題について、「最後のお一人にいたるまで、記録をチェックして真面目に保険料を払ってこられた方々にしっかりと、年金を正しくお支払いしていくということです」と公約を掲げた。第二次安倍政権になってからの、二〇一三年三月七日、国会で民主党（当時）の細野豪志議員から、消えた年金問題のことを質問され、「私のときに発生したんじゃないんです」「私のときにわかったわけですよ。問題があると言うことがわかったんですよ」と、第一次政権の公約はどこ吹く風と言ったような答弁を行った。

また、国民民主党（当時）の今井雅人議員から、「森友と加計、その他いろいろの問題をお伺いしたいと思いますが、総理、まず最初に、きょうも朝からずっと質疑をしておりますけれども、ここまで来て、総理は、うみは出し切るとおっしゃっておられましたが、もううみは出し切られたというふうに思われますか」と問われた安倍首相は、「加計問題についてで言えば、まさにプロセスにおいてはこれは一点の曇りもなかったのは間違いないだろう、こう思うところでございますし、私から指示や依頼を受けた人は、これは前川次官も含めて、誰もいないということは明らかになっているというふうに考えるところでございます」(二〇一八年五月二八日　衆議院予算委最会)と返答。ちなみに、安倍首相の「一点の曇りもない(なかった)」発言は、二〇一九年五月八日現在で四八回を数える。

安倍首相が、「一(いち)」や「1(ワン)」という数字を使うときは、どうやら根拠なき事実を強調しようとしている傾向も見られる。「一」を使ったほかの事例も挙げてみよう。安倍首相の「一」をどう受け止めるか、読者も考えて欲しい。

「私自身は、TPP断固反対と言ったことは、一回も(顔前に人差し指を立てて)、ただの一回もございませんから。まるで私が言ったかのごとくの発言は慎んで頂きたい、このように思うわけでございます」(二〇一六年四月七日　衆議院環太平洋パートナーシップ協定等に関する特別委員会)

「一度も～ない」の全否定で疑いを晴らす

「一度も」あるいは、「一回もない」というのは、非常に強い否定で、自分への疑いを晴らすには、本来効果のある言い方だろう。「あれほど、はっきりと強く否定できるのだから、彼が言うことは真実なのだろう」そんな心理が働くものだ。「安倍政権の政治には実行力があるから賛成だ」と語る元大阪市長の橋下徹氏は、二〇〇八年一月の大阪府知事選挙を前に、テレビ番組で出馬の可能性を問われ「二万パーセントない」と完全否定していたが、一週間後には突如出馬を宣言した。ただ、橋下氏の場合は、前言を翻した理由（経緯）について、「出演している（テレビ）番組をキャンセルするなどの必要があったためだ」などと、説明をしている。

　だが、強い表現を使っての打ち消しが、難しいこともある。そんなとき、安倍首相はどうするか。それは、過去の発言をなかったことにし「全否定」する話法の活用だ。

　自民党が下野していたとき、ＴＰＰ反対を訴えて、自民党が作成して全国に選挙期間中に貼ったポスター。ただ、安倍首相は国会答弁で、「根っこから反対したことはない」「党として作ったことはない。一選挙区のポスターであろう」と言った。

自民党はＴＰＰ反対を掲げ、このようなポスターを貼っていたが、安倍首相は国会の答弁で「自民党としてのものではない」と答えた。

安倍首相は再登板後の二〇一三年二月二三日の内外の報道陣に向けた記者会見で、ＮＨＫの質問にこう答えた。

「今般の日米首脳会談については、ＴＰＰの意義やそれぞれの国内事情について時間をかけてじっくりと議論をいたしました。私からは先の衆院議員選挙で聖域なき関税撤廃を前提とする限りＴＰＰ交渉に、交渉参加に反対するという公約を掲げ、また自民党はそれ以外にも五つの判断基準を示し政権に復帰をした、そのことを大統領に説明をいたしました」（二〇一三年二月二三日　内外記者会見　首相官邸ホームページより）

おそらく首相の言い分は、「『聖域なき関税撤廃』を前提とする」と条件を付けていたのであって『ＴＰＰ断固反対と言ったことは一回もございません』の部分だけの単独での発言はしていないという理屈なのだろうか。

政治はその時々の諸条件のなかで、前言を撤回せざるを得ないときもあるだろう。しかし、そのときは少なくとも理由をはっきりと丁寧に説明する責任が政治家にはあるはずだ。

二〇一五年一〇月に報じられたように、「聖域」として守り抜くとされたコメ、麦、牛肉・豚肉、乳製品、砂糖の原料の重要五項目の農産品の関連品目のうち三割を関税撤廃することが公表された。「聖域」の三割をも失ったことに対して有権者に対する説明責任は十分に果たされていない。

安倍話法を考える③

YES（はい）NO（いいえ）で答えない

長い長い答弁で相手をうんざりさせる

YESかNOか二者択一の質疑に対しては、「YES（はい）」とも「NO（いいえ）」とも答弁しないというのも安倍話法の特徴だ。

二〇一七年五月八日　衆議院予算委員会で、民進党（当時）の長妻昭議員は「自民党憲法草案の主要な三点については、取り下げるのか？」を安倍首相に質問した。本来であれば安倍首相は「取り下げる」か「取り下げない」。あるいは三つのうち「取り下げる」ものと「取り下げない」ものを個別に示す答弁をすればよいはずだ。しかし、安倍首相が行った国会答弁は、どんなものだったのか。現職総理大臣のありのままの姿を知っていただくためにも少し長いが引用する。

長妻委員　（略）自民党の例えば九条、自民党憲法草案の国防軍とか、あるいは公共の福祉という文言を全て公益及び公の秩序に変えるとか、あるいは憲法九十七条の基本的人権の尊重という条文をばっさり全部削除する、こういう自民党の憲法草案についても総理といろいろ議論しましたけれども、今申し上げた三つの観点についてはもう取り下げる、自民党憲法草案の今の主要な三点については取り下げる、こういう認識でよろしいんですか。

安倍内閣総理大臣　いま、繰り返しになるんですが、私は、ここは内閣総理大臣として立っており、いわば私が答弁する義務は、内閣総理大臣として義務を負っているわけでございます。自民党総裁としての考え方は相当詳しく読売新聞に書いてありますから、ぜひそれを熟読していただいてもいいんだろうと。これは自民党……（発言する者あり）済みません、ちょっと静かに。（中略）つまり、それはもうそこに、いわば党総裁としてはそこで述べていますから、ぜひ党総裁としての考え方はそこで知っていただきたい。ここで党総裁としての考え方をるる述べるべきではないというのが私の考え方でありますから、それはぜひそこでいわば自民党総裁としては知っていただく。あるいはまた、ビデオでそれは述べているわけでございます。（中略）

結局、この長い長い答弁を止めたのは、浜田靖一委員長だった。

浜田委員長　総理、済みません、簡潔に願います。

しかし、安倍首相は諦めない。

安倍内閣総理大臣　簡潔に申し上げますと、結果を出す上においては、まさに議論をしていく上においてだんだんこれが収れんしていくという中における一つの考え方として申し上げたところでございます。どうかその点を御理解いただきたい、こう思うところでございます。（二〇一七年五月八日　衆議院予算委員会より）

「さあ、いよいよ結論を言うのか」と思いきや、まったく関係ないことを、とにかくダラダラと話し始める。時間を使って相手を煙に巻く、ダラダラ話法だ。ちなみにこの答弁のなかで、「いわば」六回、「そこで」六回（中継では八回）、「まさに」五回（中継では六回）、「中において」二回が使われた。安倍首相が多用するこれらの言葉について、歴代首相の演説を研究してきた東照二《あずましょうじ》氏（社会言語学）はこう分析している。

「（安倍首相は）『まさに』や『つまり』といった言葉を使っている。これらの言葉は、同じ意味を繰り返したり、別の表現に言い換えたりする表現です。おそらく同じ意味を別の表現にして話をはぐらかそう、自分を良く見せようとしているのではないか」

（二〇一八年六月二日　日刊ゲンダイ）

安倍話法を考える④

「印象操作」は時間稼ぎのテクニック

「相手の質問のほうが間違い？」と思わせる言葉「印象操作」

安倍首相は、国会で対立相手の野党もしくは質問議員から森友・加計問題などを追及されると興奮して「印象操作だ」「レッテル貼り」だと批判する。だが、こうした答弁そのものが、議員が質問した内容は「間違っている」という印象を植え付けようとしていないか。首相の発言を、テレビで聞いた視聴者は、「ああ、○○議員の言っていることは、不正確でないか、正しくないのだな」と思うかもしれない。国民は国会で議論されている内容そのものに精通しているわけではない。そのため、二人の会話ややり取りの印象が、議論の真偽を判断するときに大きな影響を与えてしまう。

国際医療福祉大学の川上和久教授（政治心理学）は、「『印象操作だ』と言って正面から疑問に答えず、時間稼ぎをしながら野党を批判するという安倍首相のテクニックだ」（毎日新聞二〇一七年六月五日）と分析する。

相手が聞きたい核心部分、答えたくないがゆえに、議論や質問に関係のない答弁をわざと行うという「安倍話法」の一つというわけだ。

そもそも、「印象操作」という言葉を初めて国会で使ったのは、自民党の鬼木誠議員だ。鬼木議員は、二〇一五年六月二五日に安倍首相を支持する若手議員らを中心に発足した「文化芸術懇話会」に参加、四ヶ月後の一〇月には第三次安倍内閣（第一次改造）で環境大臣政務官に抜擢された人物である。

この「印象操作」の言葉を多用して使い出したのは、二〇一七年二月のこと。この時期は、森友学園問題をめぐる朝日新聞のスクープがあり、安倍首相や財務省の言葉の真偽に、世間の注目が集まっていた。自身を防御するために有効だったのか、この年、衆参両方の委員会で、安倍首相は計二七回も「印象操作」という言葉を発している。

安倍首相が「印象操作」と使った発言を見てみよう。

「ホームページを消したり、怪しいとおっしゃったけれども、ホームページを消したのは私でも私の家内でもありませんよ。まるで今、福島さんはそう指摘していましたね。そういうレッテル張りはやめましょうよ。そうやって印象操作を一生懸命されていますけれども、一生懸命、一生懸命、そうやって一生懸命印象操作をされていますけれども、何にもないんですよ、そこは。著しく名誉を傷つけるようなことを言えば、

そういうことを申し上げますよ」（二〇一七年二月二七日　衆議院予算委員会での福島伸享議員の質問に答えて）

誠実に答えず「はぐらかす答弁」

安倍首相の答弁は、相手が知りたいことに誠実に答えようとするのではなく、「はぐらかすための答弁」のように見える。この特徴は、安倍首相だけでなく、安倍官邸（や霞が関）にも及んでいる。

二〇一九年一月六日、年始早々のＮＨＫ「日曜討論」で安倍首相が、米軍普天間飛行場（沖縄県宜野湾市）の名護市辺野古への移設計画をめぐっての「サンゴ移植発言」は、その一例だ。

番組で、辺野古への土砂投入映像が流されたあとに、安倍首相は、

「あそこのサンゴは移しております。絶滅危惧種は砂をさらって別の浜に移していくという、環境の負担をなるべく抑える努力をしながら（埋め立て工事を）行っている」

と発言した。しかし、沖縄県によると、沖縄防衛局の事業で、貝類や甲殻類を手で採捕して移した事例はあるものの、『砂をさらって』別の浜に移す事業は実施していないという。

『琉球新報』は一月九日付け社説で、「安倍晋三首相がＮＨＫ番組『日曜討論』で、米軍普天間飛行場の移設に伴う名護市辺野古の埋め立てについて『土砂投入に当たって、あそ

このサンゴは移している』と、事実と異なる発言をした。一国の首相が自らフェイク（うその発信者となることは許されない」と批判をしている。

この件について、私は官邸記者会見で、菅官房長官に質問をぶつけた。

望月　辺野古海域でのサンゴの移植についてお聞きします。首相は六日のテレビ番組で土砂投入に当たって、「あそこのサンゴは〈質問、簡潔にお願いします〉移植している」と述べられましたが、土砂投入されている辺野古側の海域、埋め立て区域二の一からはサンゴは移植していないとして〈結論をお願いします〉、一部報道は「首相は事実を誤認して発言した」と報じました。政府の現在のサンゴ移植の現状認識を改めてお聞かせ下さい。

菅官房長官　環境監視等委員会の指導や助言を受けながら適切に対応しているということでありますから、まったく問題はありません〈このあとの日程がありますので、次の質問をお願いします〉。

望月　報道では「埋め立て海域全体では七万四〇〇〇群体の移植が必要だが、〈質問、簡潔にお願いします〉移植が終わったのは別海域の九群体のみにとどまる」としております。玉城知事は昨日、ツイッター上で「総理、〈結論をお願いします〉それは誰からのレクチャーですか。現実はそうなっていません。だから私たちは問題を提起している」と反論されました。

事実の誤認ないし説明不足である場合は、これは改めて政府として〈質問、簡潔にお願いします〉見解を出すつもりはないのでしょうか。

菅官房長官　「報道によれば」に答えることは政府としてはいたしません。どうぞ、報道に問い合わせをしてほしいと思います。

菅官房長官がここでいう「報道に問い合わせろ」というのは『琉球新報』に問い合わせろと言いたいのだろうか。官邸会見では、「一部報道が報じていますが」と、他社の記者がよく質問をしているが、このようないい加減な回答をほかの記者にすることは、まずない。私のときだけである。安倍首相の「あそこのサンゴは移植している」発言が事実誤認で、説明不足なのではないか、との質問に「報道に聞け」とし、政府としての説明責任から完全に逃げている形だ。菅氏の不誠実な会見でのやり取り後、安倍首相は二〇一九年一月三〇日の衆院本会議で、「南側の埋め立て海域に生息している保護対象のサンゴは移植した」と言い換え、土砂投入中の海域のサンゴを移していないことを事実上認め、発言を修正している。

余談だが、会見のやり取り中に、内閣府の上村秀紀報道室長の質問妨害があまりに酷いので、そのまま書き入れた。これでは質問がまともにできない。菅官房長官自身も、妨害行為のせいで良く聞き取れていないようなときさえあった。この妨害行為は、二〇一七年秋ごろから始まった。上村報道室長に直接、抗議しても止まることなく、延々と続いていたが、沖縄県の辺野古埋め立てなどについて追及するようになった二〇一八年一二月頃から、より悪化した。政権のアキレス腱といわれる沖縄問題を追及されるのが、よほど嫌だったということだろうか。

印象操作　実践編「メディア・コントロール」

大新聞で「印象操作」された元文科省事務次官

「総理のご意向文書」発言は「不都合な真実」だった!?

印象操作という言葉を多用していた安倍官邸が、メディアを使った「印象操作」を行ったように見えるのが、元文部科学省事務次官の前川喜平《まえかわきへい》さんに関する読売新聞の記事だ。

「前川前次官　出会い系バー通い　文科省在職中、平日夜」――

二〇一七年五月二二日、読売新聞はこう見出しにうたった記事を社会面三段の扱いで大きく報道した。記事は、前川さんが「出会い系バー」に頻繁に出入りしていたとして、「不適切な行動に対し、批判が上がりそうだ」としている。そして、「出会い系バー」について「一般的に女性の側から売春、援助交際を持ち掛け、店は直接、こうした『交渉』には関与しない」と説明していた。この記事は、結果として読者に、前川さんが売春や援助交際に関わっていたかのような印象を与えることとなった。

報道後の五月二五日、前川さんは記者会見を開き、加計学園の獣医学部新設の認可に関し、「総理のご意向」などと記載された文書が文科省内に「確実に存在している」「公平公正であるべき行政のあり方がゆがめられた」と元事務次官として実名で告発。「あったことをなかったことにはできない」と、証人喚問にも応じる意向を示した。

当時、加計学園の問題が世間を騒がせていただけに、「首相官邸に反旗を翻した前川氏への個人攻撃だ」「読売新聞は死んだに等しい」などと、世論やメディアからも報道した読売新聞に対する厳しい批判が巻き起こった。

五月一七日午前の記者会見で、菅官房長官は、「誰が書いたか分からない、そんな意味不明なものについて、いちいち政府で答えるようなことはない」と文書の信ぴょう性を疑問視し、さらに同日午後の会見では「怪文書みたいな文書ではないか。出所も明確になっていない」と、切り捨てた。

さらに五月二五日の記者会見では、天下り問題が発覚して前川さんが辞任したことについて、「自ら辞める意向を全く示さず、地位に恋々としがみついておりました」と批判した。読売新聞の報道後は、「不正の温床となるような場所に行き、教育者としてあるまじき行為」との批判を繰り返した。

この「総理のご意向」と記された文書が本物であったことは、その後の再調査で判明した。「（菅官房長官の）怪文書みたいな文書じゃないか」の発言が再調査を遅らせる大きな原因になったと指摘されるが、国会で野党から文書の確認を問われると、菅官房長官は「現在の認識ではない」とし、事実上、発言を修正した。

「総理のご意向」文書が初めて報道された当時、文科省内では、複数の職員や幹部が文書の存在を認識していた。しかし、文科省は、共有フォルダーを一個チェックし、幹部職員六人から聴取するだけの簡単な半日調査で終了させており、菅官房長官の発言によって、あえて徹底した調査が行われなかった可能性も指摘されている。

さらに驚くべきは、二〇一九年三月八日の参院予算委員会で、菅官房長官が再び「怪文書だ」という認識を示したことです。

立憲民主党の杉尾秀哉議員が、(記者への)質問制限に関連して聞いた。「例えば加計学園問題、総理の御意向文書を怪文書と切って捨てました。文書は本物でした。自分はうそをついても許されて、記者は事実誤認のことは一切聞くなというのは、これはどういうことなんですか」。それに対して菅氏は、「文書についてはそのようなものだと言うことを私発言しましたけれども、実際そのようなものだったんじゃないですか」と答え、さらに「私自身があのときに質問されたときは怪文書のようなものという私は答えをしましたけれども、その後について**私がこのことを変えたことはなかったと思います**」と続けた。

事実とは何なのか、そもそも論議がなり立たない虚しさを感じさせられる。

元文科省事務次官
前川喜平氏に訊く！読売新聞報道の舞台裏

二〇一九年二月初旬、大阪府堺市で前川喜平さんにお会いし、講演終了後、改めて当時の心境について訊いた。

© Yoshiro Sasaki 2019

——二〇一七年五月二二日の読売新聞朝刊の社会面に、「前川前次官　出会い系バー通い　文科省在職中、平日夜」という見出しで、記事が大きく出ました。記事を見られたときの率直な感想をお聞かせください

前川喜平氏（以下、前川）　週刊誌ならまだ分かるんだけどあの読売新聞が記事にしたのでびっくりしましたね。朝、記事を見たとき、ああ官邸から書かされたなと思いました。実は報道が出る前年の秋に杉田和博官房副長官に呼び出されて、「そんなところに出入りするのは良くない」と言われました。杉田さんはネタ元を週刊

誌の記者から聞いたと言っていましたが、週刊誌からその件で私自身は、取材を受けることも掲載されることもなかった。ただ私の個人的行動を杉田さんが把握していることは不思議だと思いましたね。

――記事が出ることは、事前にご存じでしたか？

前川　年が明けて二〇一八年の二月頃、私の携帯に「週刊誌が記事を書こうとしているので注意しろ」と杉田さんから電話がありました。そして五月のゴールデンウィーク明け一九日に読売新聞の記者から取材依頼が来たのです。翌二〇日も二一日にも詳細なメールがきて。「お店で出会った女性と性交渉はあったのか？」という質問もありましたが、返信しませんでした。

読売からの取材のアプローチの際に、他の親しい新聞記者にも何人か相談したんですよ。そしたら「ニュースでも何でもないじゃないか。こんな薄弱な根拠で読売新聞が書くはずない」と、みなさんが言いました。

記事を読むと、確かに嘘は書いていない。これは政府の常套手段なんですが、印象操作だと思いましたね。

しかしあの記事、本当は官邸は出したくなかったはずだと思います。あれをネタにして私を黙らせようとしたかった――。あの記事が出る直前に、藤原誠初等中等教育局長（現文科省事務次官）からショートメールが来ました。

「和泉（洋人）さん（総理補佐官）から話を聞きたいと言われたら、対応される意向はありますか？」という内容でした。加計学園関係の文科省内部文書について、これ以上不都合なことはしゃべるなよ、そしたら、記事は押さえてやるというようなことだったのではないかなぁと思います。

前川　喜平（まえかわ・きへい）
現代教育行政研究会代表（元・文科省事務次官）。一九五五年奈良県生まれ。東京大学法学部卒業。一九七九年 文部省（現・文部科学省）入省。文部大臣秘書官、大臣官房総括審議官、大臣官房長、初等中等教育局長、文部科学審議官を経て、二〇一六年 文部科学事務次官に。二〇一七年退官。現在、自主夜間中学のスタッフとして活動しながら、講演や執筆を行う。著書に、『面従腹背』（毎日新聞出版）、『これからの日本、これからの教育』（寺脇研氏との共著／ちくま新書）『ハッキリ言わせていただきます！ 黙って見過ごすわけにはいかない日本の問題』（谷口真由美氏との共著／集英社）など。

安倍史観①

「戦後レジームからの脱却」を謳う安倍首相の歴史認識

【ポツダム宣言】一九四五年七月二六日、アメリカ合衆国大統領、英国首相、中華民国主席の名のもと、大日本帝国に対して発された宣言。全一三項からなり、日本への降伏要求の最終宣言である。

戦後レジームとポツダム宣言

安倍首相が発する言葉は強く、それだけに常に注目されてきた。

「憲法は占領憲法、押しつけ憲法」（二〇一一年九月三日　BS11未来ビジョン　元気だせ！！ニッポン）

「侵略に学問上の定義はない」（二〇一二年五月八日　参議院予算委員会　NHK　NEWS　WEB）

「侵略という定義については、これは学界的にも国際的にも定まっていない」（二〇一三年四月二三日　参議院予算委員会）

「国のために尊い命を落とした尊い御英霊に対して尊崇の念を表する、これは当たり前のこと」（二〇一三年四月二四日　参議院予算委員会）

こうした言葉は、安倍首相のどんな哲学によって裏打ちされたものなのか。「戦後レジームからの脱却」を謳い、改憲を推し進める安倍首相の歴史認識とは果たしてどのようなものなのだろうか。安倍首相の歴史観について、大学の恩師、加藤節成蹊大学名誉教授は、「戦後の日本が築いてきた歴史を踏まえていない……安倍首相を表現するのは『無知』と『無恥』という言葉に集約される」（『FRIDAY』二〇一六年五月二七日号）と、厳しい評価を示している。

戦後レジームの起点ともいえる「ポツダム宣言」については、どうやら、あまり明るくないようだ。安倍首相は、「ポツダム宣言」を「つまびらかに」は読んでいないことを認めている。

【村山談話】一九九五年、第81代内閣総理大臣・村山富市氏が発表した談話「戦後五十周年の終戦記念日にあたって」。第二次世界大戦中、日本が行なった「植民地支配と侵略によって、アジア諸国の人々に多大の損害と苦痛を与えた」と公式に謝罪した。

【小泉談話】二〇〇五年、戦後六〇周年にあたり、第88代内閣総理大臣・小泉純一郎氏が発表。村山談話を踏まえ、世界平和のために「積極的」な役割を果たすことを述べた。

「日本の戦争は善か悪か」を問われて

安保法制関連法案（戦争法案との声も）が国会提出された。そして、二〇一五年五月一五日、両院・国家基本政策委員会合同審査会で、日本共産党の志位和夫委員長が、首相に「過去の日本の戦争は間違った戦争という認識はありますか」と質問した。

安倍首相は、どちらとも回答せず、「『村山談話』『小泉談話』を私たちは全体として受け継いでいく」と明言を避けた抽象的な答弁を行った。

志位氏の質問は、日本が過去に引き起こした戦争について、日本の首相としての善悪の判断を問うものだった。過去に日本が起こした戦争が間違っていないと考えているのであれば、今後、米国の戦争に日本が、集団的自衛権の行使によって加担することへの是非について、安倍首相は正しく判断できないのではないかという意図から出された。

志位氏は安倍首相の不明快な返答に、歴史の流れを説明しながら「ポツダム宣言」を話題に挙げた。

志位和夫氏 私が聞いているのは何も難しい問題じゃないんです。過去の日本の戦争が間違った戦争か正しい戦争か、その善悪の判断を聞いたんですが、まったくお答えがありませんでした。

この問題は、既に七十年前に歴史が決着をつけております。戦後の日本は、一九四五年八月、ポツダム宣言を受諾して始まりました。

さらにポツダム宣言が意味することについての説明を続けた。

「ポツダム宣言は、日本の戦争について、第六項と第八項の二つの項で、間違った戦争だという認識を明確に示しておりました」

「つまびらかに」は読んでいないポツダム宣言

そして再び、

「総理にお尋ねします。総理は、ポツダム宣言のこの認識をお認めにならないんですか。端的にお答えをください」

と迫った。安倍首相はどう答えたか。

内閣総理大臣（安倍晋三）　このポツダム宣言を我々は受諾をし、そして敗戦となったわけでございます。そして、今、私も「つまびらかに」承知をしているわけではございませんが、ポツダム宣言のなかにあった連合国側の理解、たとえば、日本が世界征服を企んでいたということ等も今御紹介になられました。私はまだその部分を「つまびらかに」読んでおりませんので承知はしておりませんから、今ここで直ちにそれに対して論評することは差し控えたい……（以下、略）

安倍首相が「つまびらかに読んでいない」ポツダム宣言は、一三項目から成る条文で、すぐに読めるものだが、安倍首相は、憲法改正を提唱しながらも、改正の契機に繋がった、ポツダム宣言を詳細に読み込んでいなかった。

原爆投下の「後で!?」叩きつけられたポツダム宣言

安倍首相の「歴史認識力」をあらわすもう一つの事例を挙げる。これもまた、ポツダム宣言に関係している。

二〇〇五年七月号の月刊誌『Ｖｏｉｃｅ』での、東海旅客鉄道会長（当時）の葛西敬之《かさいよしゆき》氏との対談記事、「日中は『政冷経熱』で丁度よい」では、安倍自民党幹事長代理（当時）が、ポツダム宣言が日本に突きつけられたときの史実と、原爆投下がなされたときの史実の順番を間違えて発言していた。

葛西　靖国神社の問題は日本人の「心」に関わる問題です。それを「国家と国家」の問題として扱うことが、そもそもおかしいのです。ですから、この問題に対するいちばん明快で容易な解決法は、総理が淡々として靖国神社に参拝されることです（以下、略）。

葛西氏がこう話したのに対し、安倍首相は、民主党の仙谷由人さんが予算委員会で質問した「『日中関係を改善するために靖国参拝をやめるべき』という発言は、中国の主張をそのままぶつけているわけで、見ていて非常に見苦しい気がした」と語る。

そして、ポツダム宣言について次のように述べたのである。

「『靖国参拝は、日本が軍国主義化に向かう象徴であり、ポツダム宣言に反する』というのですが、ポツダム宣言というのは、アメリカが原子爆弾を二発も落として日本に大変な惨状を与えたあと、『どうだ』とばかり叩きつけたものです。そんなものをもちだし、あたかも自分自身が戦勝国であるかのような態度で、日本の総理を責めあげる。大変な違和感を覚えました。日本は昭和二十七年の『サンフランシスコ講和条約』によって独立を回復しています。講和条約をもちだすならまだしも、もちろん靖国参拝は条約違反ではありませんが、終戦時のポツダム宣言を例に引くのは、本当におかしな話です」（『Voice』2005年7月号）

ポツダム宣言をいつ日本政府が突きつけられていたのか、その歴史の時系列を、完全に誤認して事実を語っていた。

ポツダム宣言が行われたのは、原爆投下よりも前のことだ。

一九四五年七月二六日にアメリカ合衆国大統領、英国首相、中華民国主席の名において、大日本帝国（日本）に対し、ポツダム宣言が突きつけられた。しかし、八月六日に広島に原爆が投下されても、軍部は、ポツダム宣言を受諾するには、国体護持のほか条件をつけることが必要などと主張したため、受諾には向かわず、九日には長崎に原子爆弾が投下される。結局、原爆が二発も投下されて一四日に漸く日本はポツダム宣言を受諾した。国民は戦争の呪縛から解放されたわけだが、投下後に『どうだ』とばかり叩きつけたものでは決してない。

ちなみに、二〇〇六年刊の書籍『安倍晋三　対論集　日本を語る』では、この部分は削除され、対談内容も加筆修正されている。今では安倍首相も、正しい順序で歴史を認識してくれているとは思うが。

万一のときをゆだねることになる首相という存在

言語学者の金田一秀穂《きんだいちひでほ》さんが、『Journalism』二〇一八年九月号「安倍政治の言葉と心理」のなかで「万一の時をゆだねることは到底できない。絶望を越えて、恐怖である」と危惧されていることが、杞憂に過ぎないことを祈りたい。

この項の最後に、ポツダム宣言の条文は、全部で一三項からなるが、第一〇項を紹介しておきたい。

われわれは、日本人を民族として奴隷化しようとし、または、国民として滅亡させようとする意図をもつものではないが、われわれの捕虜を虐待した者を含む一切の戦争犯罪人に対しては、厳重な処罰が加えられるべきである。日本国政府は、日本国国民の間における民主主義的傾向の復活強化に対する一切の障害を除去しなければならない。言論、宗教および思想の自由、ならびに基本的人権の尊重は、確立されなければならない。

（『「ポツダム宣言」を読んだことがありますか？』訳・監修：山田侑平　編集：共同通信社出版センター）

安倍史観②

自衛隊と核戦術

自衛隊を認めている以上、法整備をすべきだ

安倍首相の自衛隊と「核兵器」に関する歴史認識を見ておきたい。

「憲法上は原子爆弾だって問題ではないですからね、憲法上は。小型であればですね」

――。

と、安倍首相が官房副長官時代に、こんな発言を行い、大問題になったことがあった。

『サンデー毎日』(二〇〇二年六月二日号)では、「政界激震　安倍晋三官房副長官が語ったものすごい中身――『核兵器の使用は違憲ではない』」と題した特集記事で、安倍首相の戦術核についての認識が書かれている。

驚きの発言があったのは、二〇〇二年五月一三日、東京都新宿区の早稲田大一四号館地下の教室で行われた講演でのこと。早稲田大学客員教授の田原総一朗氏が「塾頭」を務める「大隈塾」で、当時官房副長官の要職だった安倍首相は、ゲストとして招かれていた。当時、国会では小泉純一郎内閣のもと、有事関連法案の審議が行われていた頃である。

全学部の一年から二年生を対象に行われた授業科目の正式名称は、「二一世紀日本の構想」。「現在のリーダーと呼ばれる人々は、その後の人生を左右するような極限的な場面で何を考え、どのように決断したのか。彼らの経験を通し、考えることで、将来の日本を変革するリーダーとしての自覚を養う」ことが目的だった。

安倍首相は、「危機管理と意思決定」をテーマに講義を行い、有事法制関連の話の次に自衛隊について語った。

「自衛隊を認めている以上、法整備をしないとおかしい。(中略)毎年毎年、約五兆円近い予算を使っているんですね。実力部隊としては世界で、米国は別格ですが、自衛隊の実力というのは最高水準だろう。(中略)税金を使っている以上、当然機能的に活動できるようにするというのが、われわれ政治家が納税者に対しての義務ではないか」

(『サンデー毎日』2002年6月2日号)

そして、「占領されても自由が奪われても我慢するのだという確固たる決意を持つのであれば、法整備に反対したって構わない。自衛隊を認めていながら法整備に反対するのはおかしい」（前同）と、強い口調で語りかけた。

二〇一七年五月、安倍首相は、新たな憲法を二〇二〇年に施行したいとして、憲法九条の一項と二項を残し、自衛隊を明文で書き込むとする案を発表した。自衛隊や改憲への思いは、講義があった二〇〇二年から変わらず懐いていた熱い気持ちということだろう。

核兵器の使用は違憲ではない!?

驚くべき発言は、講義のあとの田原氏とのやり取りで出てきた。

「有事法制ができても、先制攻撃ができないのだから、北朝鮮（朝鮮民主主義人民共和国）のミサイル基地を攻撃はできないだろう」と指摘する田原氏に、安倍首相は、「撃たれたら撃ち返すということが、初めて抑止力になります」と力説。そして、「じゃあ、日本は大陸間弾道弾を作ってもいい？」と畳み掛ける田原氏に、

「大陸間弾道弾はですね、憲法上は問題ではない」

「憲法上は原子爆弾だって問題ではないですからね、憲法上は。小型であればですね」と断言したのである。

驚いた田原氏が、その発言は「むしろ個人的見解と見たほうがいいのか」と、重ねて質

問すると、

「それは私の見解ではなくてですね、大陸間弾道弾、戦略ミサイルで都市を狙うというのはダメですよ。日本に撃ってくるミサイルを撃つということは、これはできます。そのときに、たとえばこれは、日本は非核3原則がありますからやりませんけども、戦術核を使うということは昭和三五（一九六〇）年の岸（信介＝故人）総理答弁で『違憲ではない』という答弁がされています。それは違憲ではないのですが、日本人はちょっとそこを誤解しているんです。ただそれ（戦術核の使用）はやりませんけどもね。ただ、これは法律論と政策論で別ですから。できることを全部やるわけではないですから」

と述べて、戦術核を使うことは、違憲ではないとする持論を展開したのである。

岸信介氏の「戦術核論」

岸信介氏は果たして、本当にそのような解釈をしていたのだろうか。

安倍首相が指摘する、一九六〇年頃の岸信介氏の首相答弁を振り返る。最初に、核兵器保持の合憲性について、岸氏が語ったのは一九五七年五月七日参議院内閣委員会だ。

元民主社会党（当時は日本社会党）の田畑金光氏の質問は、「岸総理の答弁の前提のなかには、『攻撃的な核兵器というものを憲法は認めていないが、防御的な核兵器は将来あり得る』『防御的な核兵器等というものは、憲法第九条の禁止するところではない』『自衛のため最小限度必要なものは現行憲法では認められる』という場合の核兵器の概念というのはどういう内容のものであるのか」というものだった。

これに対し、岸氏は次のように答えた。

「今日私の一番心配することは核兵器ということの言葉だけから言うと、どの辺まで核兵器といわれるのか、どういうものがいわれるのかということが明確に概念的に決め得ないのじゃないか。そこでいろいろなものが出てくる場合において、いわゆるそれが学問上もしくは技術上核兵器と名がつくのだということで、これがすべて憲法違反になるという解釈をすることは、憲法の解釈としては行き過ぎじゃないか」（――中略――）「主として攻撃に用いられるもの、もしくは攻撃用と考えられるようなものは、これは持てないことは当然である。しかし防御というような意味において、その防御を全うするためにはこの程度のものは考えておかなければ、とても一般の攻撃兵器の発達その他によって日本への侵略を防ぐことはできないというような場合も私は起ってくると思います。そういう意味において憲法の解釈としてはそういう場合において、たとえただ単に核兵器といわれたから、これはもう一切いけないのだというふうに解釈することは憲法の解釈としては適当でないだろう」（一九五七年五月七日　参議院内閣委員会　田畑金光議員の質問に対して）

岸答弁の間違った解釈

少なくとも岸氏は、安倍首相が言うように「戦術核を使うということは『違憲ではない』」と断定しているわけではない。「違憲だと解釈することは行き過ぎじゃないか」と、この問題を憲法のなかでどのように解釈するかについて論じているのである。

岸氏はまた、ここで明言した「憲法解釈としてはもっているが、それで核装備するという考えは絶対にとらない」という考え方を、のちに何度も述べている。

「私自身は、この核兵器、もしくは原子力部隊というような、原子力によっての装備ということはこれは認めないという政策をとっておりますから、そういう見地から申しますということと、憲法の解釈、純粋の憲法解釈論としては、私は抽象的ではありますけれども、自衛権を裏づけるに必要な最小限度の実力であれば、私はたとえ核兵器と名がつくものであっても持ち得るということを憲法解釈としては持っております。しかし今私の政策としては、核兵器と名前のつくものは今持つというような、もしくはそれで装備するという考えは絶対にとらぬということで一貫して参りたいと、こう思っております」（一九五七年五月七日の参議院予算委員会で　八木幸吉議員の質問に対して）

「いやしくも核兵器と名がつくならばどんな核兵器であっても憲法違反だ、こう憲法の規定を解釈することは適当でない。あくまでも憲法は自衛権の範囲である。その最小限度の実力を持つということであるけれども、将来の核兵器の発達というようなことを考えると、どういうものが出てくるかわかりません。そういう場合に、核兵器と名がつけばいけないのだという憲法上の解釈は成り立たないと思います。しかし具体的に何ならいいのだということに関しましては、私は当時もまた現在も、日本の一体こういう問題に対して核武装しないという考えに立っております」（一九五九年三月一二日　参議院予算委員会　※原文ママ）

そして、安倍氏が講義で語った「憲法上は。小型であれば」という、具体的な核兵器の種類についても、岸氏は、十分な専門知識のない自分は、違憲合憲の解釈もしていないと答弁している。

「私自身十分軍事的知識を持たないがゆえに、それでは具体的に何が当るか当らないかというような問題については、十分専門のところで研究していくべきであって、私は具体的なものが憲法違反であるとか憲法にかなっておるとかいうような解釈はいたしておりません」（一九五九年三月一七日の内閣委員会で）

核兵器を持たないと完結した国家になりえない？

最後に、安倍首相が先の講義で引用した岸氏の答弁もみておきたい。

「日本の憲法が、自衛力を裏づけるところの最小限度の実力は持ち得るという解釈を、私どもは堅持いたしておる。これは私は通説であると思います。その実力の内容というものは、いかなる技術が発達しても、旧式の無力なものしか持てないのかといえば、そうじゃないと思います。従って、そういう意味において、核兵器と名がつけば、いかなるものも、自衛隊の自衛力としては持ち得ないのだ、憲法上核兵器は一切禁止されているのだと解釈すべき根拠はないと思います」(──中略──)「岸内閣におきましては、核兵器と名がつくところのものはいかなる核兵器についても、これでもって自衛隊を武装したり、あるいはそれの持ち込みを認めるということは、絶対にございません。それだけ申し上げておきます」(一九六〇年五月一八日の衆議院日米安全保障条約等特別委員会)

岸氏の発言をつぶさに見てゆけば、「核戦術の使用が違憲ではない」という認識は完全に間違っていることがわかるだろう。安倍首相は、祖父・岸信介氏の認識とは違う、独自の戦術核への認識を「祖父が答弁している」として、誤って確立してしまったのだろうか。

『アクセスジャーナル』編集長
山岡俊介氏に訊く！
「昭恵夫人も語る、安倍邸放火未遂事件の真相」とは？

安倍事務所・秘書が選挙妨害を依頼!?

二〇〇三年一一月、福岡県警と山口県警の合同捜査本部は、下関の元建設会社社長でブローカーの小《こ》山《やま》佐市《さいち》氏、北九州市の指定暴力団工藤会系高野組の組長ら六人を非現住建造物等放火未遂容疑などで逮捕した。

調べによると、事件の主犯格である小山氏は、安倍事務所や地元有力企業などに幅広い人脈を持ち、市内の再開発事業にからむ土地買い占めなどに暗躍していた。

© Yoshiro Sasaki 2019

小山氏は一九九九年四月に行われた下関市長選で安倍陣営が推す現職市長・江島

潔氏の陣営に選挙協力をしたにもかかわらず、安倍サイドから約束の報酬を得られなかったとして反発し、高野組に依頼して火炎瓶を投げさせたのだという。

当時この事件を初めて報道したのは、月刊誌『噂の眞相』(休刊)。二〇〇四年二月号で、「人気と権力でメディアを支配する安倍晋三幹事長〝清新な改革派〟の虚実」と題して掲載された。「安倍事務所・秘書が、選挙妨害を依頼していた!」という衝撃的な記事だった。

当時、特集班として『噂の眞相』の原稿を取材執筆したのは、現『アクセスジャーナル』(有料ウェブマガジン)編集長の山岡俊介《やまおかしゅんすけ》氏。二〇〇三年末、世界有数の億万長者「武富士」会長(当時)・武井保雄氏を塀の中にと追いやったジャーナリストとして名を馳せた人物である。

大スクープの掲載を止めた共同通信

同時期に共同通信も、この事件の原稿を準備していた。現地に社会部の取材チーム三人を送り込むなど特集班を組んで綿密な取材を進めていたという。だが、原稿が完成していたにもかかわらず大スクープは「出稿見送り」となった。この経緯については、三年後の二〇〇六年、月刊『現代』(一二月号)で、ジャーナリストの魚住昭氏と青木理氏がレポート。「これは報道機関の自殺である！」「記事差し止めと『平壌支局』開設のただならぬ関係」「権力にすりよるメディアの腐敗体質を問う」と、古巣である共同通信の安倍政権への「忖度」を糾弾した。

共同通信は、なぜ掲載しなかったのか、そして、それが「メディアの腐敗」と糾弾されたのはなぜだったのか――。

この事件を最初に報じた『噂の眞相』の現地取材を担当した山岡氏は、「火炎瓶事件」から一八年が経った二〇一八年六月から、この事件のさらなる真相を追求した記事を『アクセスジャーナル』にて発表し出した。同事件の首謀者である小山佐市氏に取材し、入手した「三つの証拠文書」を掲載して問題提起を行った。その証拠文書の一つは、かつて共同通信の記者が突き止めたとされる、「安倍地元事務所の筆頭秘書と小山氏が交わした、『選挙妨害を依頼したことを認めた』とされる念書」であった。

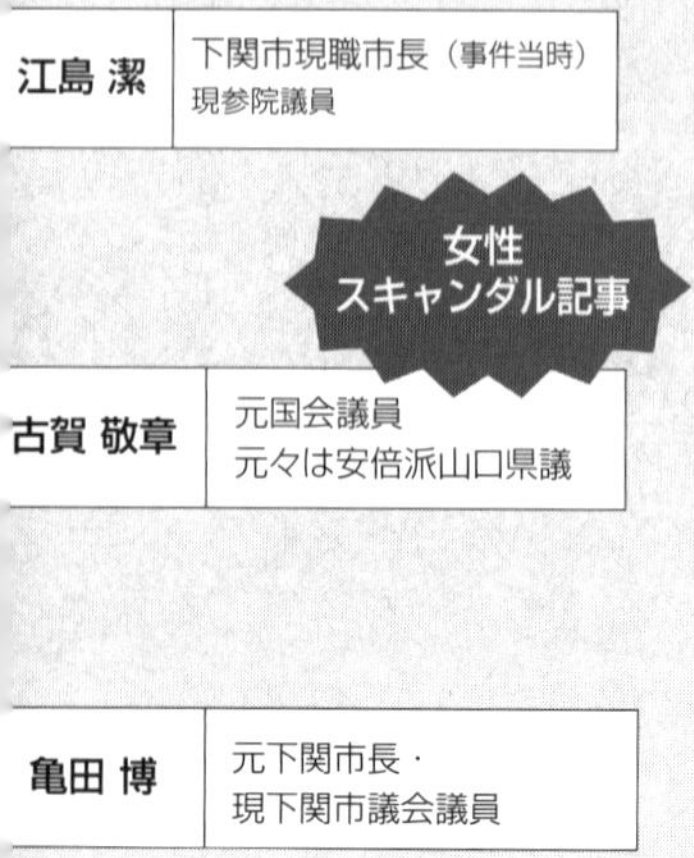
江島 潔
下関市現職市長（事件当時）
現参院議員
女性スキャンダル記事
古賀 敬章
元国会議員
元々は安倍派山口県議
亀田 博
元下関市長・
現下関市議会議員

【安倍邸火炎瓶放火未遂事件の人物関連図】

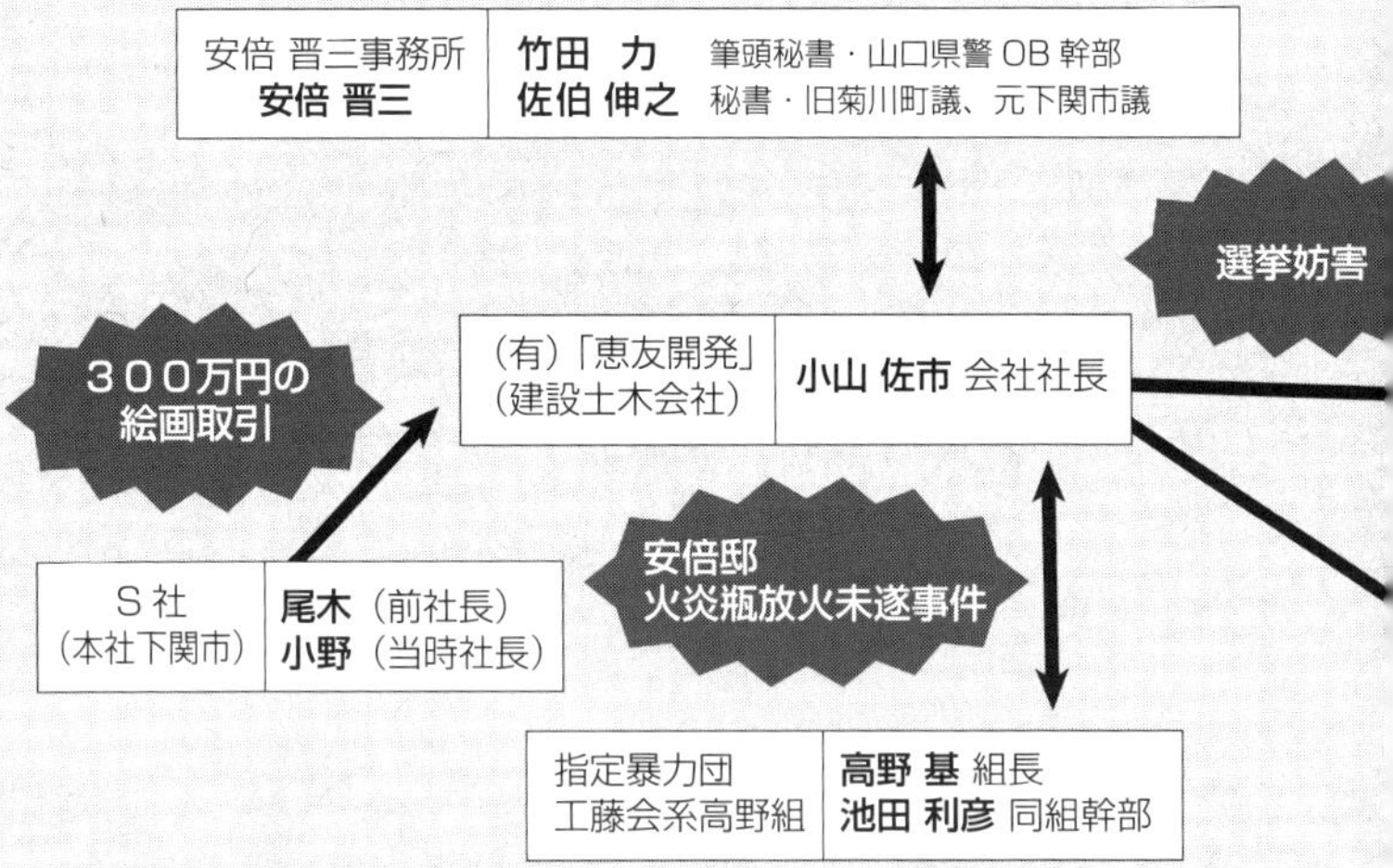
安倍 晋三事務所
安倍 晋三
竹田 力　筆頭秘書・山口県警OB幹部
佐伯 伸之　秘書・旧菊川町議、元下関市議
選挙妨害
300万円の
絵画取引
（有）「恵友開発」
（建設土木会社）
小山 佐市 会社社長
安倍邸
火炎瓶放火未遂事件
S社
（本社下関市）
尾木（前社長）
小野（当時社長）
指定暴力団
工藤会系高野組
高野 基 組長
池田 利彦 同組幹部

山岡氏に「安倍邸放火未遂事件の真相」を語ってもらった。

「これがあるから、わしは捕まらん」

——事件から二〇年近く経ったいまも継続してこの事件を取材されています。事件の概要、そして何が一番の問題だと考えているのか、教えて下さい。

山岡俊介氏（以下、山岡） 安倍邸放火未遂事件、俗にいう「火炎瓶投《とう》擲《てき》事件」は、小山氏と安倍事務所の（利害）関係のもつれが原因です。

二〇〇〇年に起きたこの事件の発端となったのは、一九九九年四月に行われた下関市長選です。市長は、当時はまだ一介の衆議院議員だった安倍晋三議員が推薦していた江島潔《えじまきよし》（現在は参院議員）氏と、古賀敬章《こがたかあき》氏、亀田博《かめだひろし》氏の三人で争われ、江島氏が当選。この選挙戦の裏では、古賀氏を中傷する「怪文書」が選挙半年前と選挙期間中の二度にわたってバラまかれました。この「選挙妨害」を、安倍事務所の故・佐伯伸之秘書から依頼を受けて実行したとされるのが、火炎瓶事件・主犯格の小山佐市氏でした。佐伯氏は、安倍晋太郎、安倍晋三と二代にわたっての事務所秘書で、ブローカーの小山氏の会社を頻繁に訪れる一〇年来の親しい間柄でした。選挙前後に一〇回以上会っていました。選挙妨害が小山氏に持ちかけられたのは、自然な流れだったと思われます。

二〇〇四年『噂の眞相』で取材した当時は、この選挙妨害を依頼した念書の現物は確認できなかったのですが、地元で、「小山氏が地元関係者に工藤会の名刺を見せびらかしたあと、その念書を見せたこと」や「ワープロで打たれた文末には〝竹田力〟と肉筆でサインされていたこと」という証言を引き出していました。小山氏も二〇〇三年一一月一一日に逮捕されるまでは、「火炎瓶を暴力団に投げさせたのは自分である」「この文書（念書）があるからつかまらん」と吹聴して歩いていました。

編集部は、安倍事務所に取材を申し込んだが返答はなかったので、「疑惑」として報道したのです。一方、共同通信は記者が現物の確認をしていたようで、だからこそ、安倍首相の資質を国民に問うスクープとして発表しようとしていたと聞いています。

三つの証拠文書があった!

山岡　二〇一八年六月に小山氏に再取材した際、私は「安倍事務所が選挙妨害を依頼したことを認めた〝確認書〟(念書)」をはじめとする三つの証拠文書(写真③④⑤参照)を確認し、ビデオに撮りました。二〇年近く前のこととはいえ、現総理大臣の事務所による公職選挙法違反は、重大な問題だと考えています。そしてまた、当時もいまも、大手メディアがこのことを報道しない背景には、政治家とメディアの癒着という問題があります。このところ、本来は権力者を監視すべき機関による「忖度」や不正が露呈しています。政治家や官僚、日本の民主主義システムの劣化を、いまこそ見直すべきだと思うのです。

――山岡さんは、小山氏が逮捕された二〇〇三年以来、どう動かれていたのですか?

山岡　二〇一六年、安倍事務所・筆頭秘書の竹田力《たけだつとむ》氏の自宅を二日続けて直撃したところ、ついに竹田氏は「三つの文書」の存在を認めました。ところが翌年には竹田氏が亡くなったので、この事件のさらなる追及はそこで終わり、手がかりはなくなりました。

小山氏は二〇〇三年一一月一一日に逮捕。懲役一三年の刑を言いわたされ宮城刑務所に収監。大手マスコミは、安倍事務所と小山氏が交わした物的証拠がない状況で、この〝安倍スキャンダル〟は闇に葬られるはずでした。

放火未遂事件から三年経ち、二〇〇三年になって関係者が続々と逮捕されたのは、警察庁が暴力団壊滅作戦を進めていたことが背景にあります。下関の目と鼻の先にある北九州市に本拠を持つ工藤会を一斉摘発するため、福岡県警が動いたなか、小山氏や高野組長などが逮捕されたというわけです。小山氏が逮捕されたことで安倍事務所は相当慌てたことも推測されます。山口県警の面子を立てるため合同捜査という形でしたが、主導権は福岡県警が握っていました。

実は放火未遂事件と同じ頃、安倍事務所には火炎瓶だけではなく、発砲もされていたようでした。安倍事務所の周りに聞き込みをしたら、〝パン、パン!!〟と乾いた音を聞いた者がおり、また事務所の窓の網戸には弾痕が残っていました。

福岡県警が、工藤会系高野組へのガサ入れで拳銃を押収したか、「下関でも発砲した」との証言があったのかもしれません。

――山岡さんは、出所した小山氏から電話がかかってきて、直接会われたと聞いています。

山岡　小山氏が宮城刑務所に服役していることを突き止めた私は、「真実を聞きたい」と小山氏に手紙を送りました。私の長年の友人だったジャーナリストの寺澤有《てらさわゆう》氏も手紙を送っていました。そして二〇一八年の五月一〇日、寺澤氏の携帯に宮城

長年にわたる警察腐敗追及、記者クラブ批判、秘密保護法の違憲確認等の功績により「世界の情報ヒーロー 100 人」に、日本人としてただ一人選出されている寺澤有氏（写真上）は、警察の不祥事や犯罪を追及してきた。その報道によって処分された警察官は100人超にのぼり、そのうち十数人が免職になったという。警察に強い敏腕ジャーナリストだ。寺澤氏はこの事件については、次のように語った。

「安倍事務所筆頭秘書の竹田力氏は山口県警幹部ＯＢだった。山口県警刑事部捜査第一課次長（警視）を最後に退職し 、安倍議員の父、晋太郎時代の安倍地元事務所に再就職していた。300万円の授受について、山口県警ににらみがきく竹田氏は、小山氏を黙らせるために、恐喝容疑で逮捕させ、マスコミには報道させず、ひそかに釈放して起訴猶予にしたのだろう。前科8犯、国会議員秘書から 300 万円を恐喝した人物が、起訴されないのは常識では考えられません」

© Yoshiro Sasaki 2019

刑務所から出所した小山氏から直接連絡が入ったのです。そして小山氏の指定した山口県下関市のホテルに二人で出向き、小山氏（写真①）と面会。小山氏は最初に連絡をくれた私に電話をかけたがつながらず、寺澤氏にかけたと仁義を通した旨を語りました。そして、動画撮影を行いながらのインタビューに応じ、ついに三つの文書を確認することができたのです。撮影したのは、私単独の六月七日の再取材の際です。

選挙妨害と放火未遂事件を繋ぐもの

――事件の発端といわれた一九九九年の選挙妨害と、安倍邸放火未遂事件は、どう繋がっているのですか？

山岡　ごく簡単に言うと、小山氏は、選挙妨害後にとりあえず、五〇〇〇万円を要求したようですが、その金額は満額支払われなかった。そればかりでなく小山氏は、安倍事務所から「恐喝を

写真①　出所後、取材に応じた小山佐市氏（当時80歳）。

写真提供／『アクセスジャーナル』山岡俊介氏

働いた」として佐伯秘書から告訴され、山口県警に八月三〇日逮捕されたのです。この恐喝容疑は結果的に、「不起訴」となり、一ヵ月後の九月二一日に小山氏は釈放されました。小山氏はこの「仕打ち」に損害賠償請求を準備したそうですが、それは難しいことがわかり、小山氏の怒りはさらに募ったようです。

安倍邸に火炎瓶を投げ入れた放火未遂事件は、こうした安倍サイドへの「不満」だったのです。

——小山氏の賠償請求が難しかったのは、なぜですか？

山岡　小山氏は、虚偽告訴罪で佐伯秘書、安倍首相自身を相手取り告訴を検討していたようです。相談を受けた弁護士も、小山氏の言うとおりなら告訴可能と言っていましたが、不起訴内容を検事に問い合わせたところ「嫌疑不十分」ではなく「起訴猶予」だった。「嫌疑不十分」なら無実といえるが、「起訴猶予」というのは、疑わしいが当面起訴しない（公訴時効と共に起訴猶予は消滅に）というものだから、虚偽告訴には当たらないという理屈のようでした。

国会で追及した自由党（当時）・山本太郎議員

——この安倍邸放火未遂事件については自由党（当時）の山本太郎議員が、二〇一八年七月一七日の国会の参議院内閣委員会で初めて取り上げ、安倍首相に質問していますよね。山本議員は二〇〇〇年六月二八日付の毎日新聞西部版夕刊を資料として提出したうえで、「自宅車庫の車二台が火炎瓶のようなもので焼かれており」と説明しました。この模様は動画でもアップされています。

山岡 殺人にもつながりかねない放火は、罪が重く許しがたい犯罪です。そして、安倍氏が、放火未遂事件の被害者であることは事実。ただ、その背景を探られることは安倍首相にとっては非常に不都合でした。選挙妨害の話に繋がりかねませんからね。

そのことを恐れたのでしょう。安倍首相は「車庫という御指摘がございましたが、私の家自体に、私も妻も寝ていた家屋に火炎瓶を投げ入れたわけでございまして」と、「被害者」を強調する答弁をしました。後日犯人が逮捕された容疑は非現住建造物放火未遂罪であり、これは現に人が住居に使用せず、かつ、現に人がいない建造物を放火した罪のこと。安倍首相は、〝嘘〟で印象操作を行い、視点を逸らせようとしたのだと私は推測します。

——安倍首相は、山本議員の質問に対し、「脅迫に屈しなかったから、何度も火炎瓶を投げ込まれた。すでに判決が下りて犯人は処罰せられている」と答えています。

山岡 実にあいまいな回答です。注目すべきは、判決文の内容そのものについて否定していないことです。山本議員はのちに、この答弁のときのことを、「私は五年半国会にいますが、安倍首相から初めて驚くほど前向きな答弁が返ってきました。よほど触れられたくないのでしょう」と日仏共同テレビ局フランス10の及川健二記者の取材に答えています。

安倍首相は「犯人は処罰を受けている最中」と思っていたようですが、実は小山氏は二〇一八年二月に出所していたのです。

放火未遂事件について赤裸々に語った昭恵夫人

――私も興味深い証言を見つけました。これは安倍首相（当時は幹事長代理）が妻の昭恵夫人とともに、地元選挙区の山口県下関市上田中町の自宅に戻って就寝していたときの話です。昭恵夫人は恐怖に怯えた様子を、安倍幹事長代理時代の元番記者、青山和弘氏のインタビューに応じて明るく語っていたのです。以下は昭恵夫人が語った「安倍邸放火未遂事件」の実況です。

「二〇〇〇年に、秘書のことで誰かから脅しをかけられていたんです。『一〇〇万、二〇〇万払えば、なかったことにしてやる。そうじゃないと週刊誌に売るぞ』みたいな。主人は事務所にも、『絶対お金は払うな』と言っていたんです。そうしたら選挙中に、家のガレージに火炎瓶を投げられちゃったんですよ。夜中の三時くらいに、主人が何か感じたんでしょうね、トイレに起きたんですよ。何かおかしいと窓を開けたら、下がブワーっと燃えていて。主人は、『昭恵！　火事だ！　一一九番に電話しろ！』と言って、そのまま下に降りて行って。私は一一九番に電話したんだけれど、窓を開けたら凄い炎が見えるので、震えちゃって、なかなか住所が言えなくって……。『落ち着いてください』とか言われて、一生懸命、住所を言って。

主人はすぐ、『放火だ』と思ったんでしょうね。何かしら武器を持っていなければということで、傘を持って外に飛び出して行って（笑）。結局、放火した人はもういなかったんだけれど、ピストルとか持っていたら危ないじゃないですか。でも、すぐに『誰が犯人かを突き止めなければ』と思ったみたいで。ところが、消防車が来た時点で主人は、『明日も早いから、もう寝るわ』と（笑）。私は『どうしよう、どうしよう』みたいな感じで外にいて。ご近所の人たちも出てくるし。朝方になってようやく落ち着いて、明るくなって、じゃあ私も寝なきゃと思ったら、主人はもうガアーって寝ていて、『凄いな、この人』って（笑）」

（『安倍晋三のことがわからなすぎて　安倍さんとホンネで話した700時間』青山和弘　PHP研究所）

山岡　これ、初めて知りました。たしかに当時の朝日新聞には、「衆院選山口四区に立候補している安倍晋三さん（四五）方から『自宅車庫の車が燃えている』と一一九番通報があった」「午前三時ごろ、安倍さんが物音に気づいて外を確認したところ、数メートル離れたコンクリート製の車庫で車が燃えていた」（二〇〇〇年六月一八日朝日新聞）と昭恵夫人の回想を裏付ける報道がされていますね。

――火事は、車庫に置いてあったタンスや乗用車三台を全半焼して、鎮火したのですが、この昭恵夫人証言の放火された日時は、報道と照らし合わせると六月一七日と特定できます。さらに昭恵夫人は興味深い発言をしているのです。

「犯人は主人を殺そうと思ったわけじゃないんですね。殺そうと思ったら火炎瓶を家のほうに投げるはずで、横のガレージに投げてきているんです。本当に脅しなんです。だから、また脅されるわけですよ。『今度こそ、金を払わないと殺すぞ』みたいなメッセージなんだけれど、それでも主人は『絶対に払っちゃいけない』って。それで今度は、事務所に火炎瓶を投げられたりするんですけれど。それでも、お金は絶対に払わない。

そうこうするうちに、向こうもだんだん諦めるんだけれど、今度はこっちが絶対逃がさないぞって、徹底的に捜査をするわけですよ。犯人はなかなかわからないんだけれども、『絶対に捕まえろ！』という指示を出して、最後は捕まえるんですよ。」（前同）

安倍氏は犯人は誰かを知っていた⁉

――昭恵夫人は安倍氏本人から「秘書のことで脅しをかけられていること」を聞かされており、それが誰から、なぜ脅されていたのかは知らなかったが、具体的な金額として「一〇〇万二〇〇〇万円を犯人が要求していた」事実は知っていたということですね。

山岡　そういうことです。しかも火炎瓶を就寝していた家のほうではなく、横のガレージに投げてきたことから、犯人は脅迫であり殺意がなかったことも語っています。一番の問題は次の箇所なのです。

安倍氏が「放火だ」「誰が犯人かを突き止めなければ」と思って、傘を武器として、外に飛び出した。しかし消防車が来た時点で安倍氏は「明日も早いから、もう寝るわ」といって家に戻るのです。そして、昭恵夫人が朝方寝室に戻ると、「主人はもうガアーって寝ている」のです。

ズバリ安倍氏は火炎瓶による放火の犯行が誰によって仕組まれたのか、なぜ犯行に及んでいるかを知り得ていたからこそのこと。だからこそ、消防士による消火作業中で野次馬もいる騒動のさなかでも熟睡できたのでしょう。

――昭恵夫人の言葉にある「一〇〇万、二〇〇万円を犯人が要求していた」は、具体的な金額で、非常にリアルな話である印象を持ちますね……。

山岡　この金額は、小山氏が「(安倍事務所に)だまされた」という怒りを抱いた背景がわかれば、理解できます。

福岡地裁小倉支部で開かれた小山氏らの初公判の冒頭陳述で、検察は事件に至る経緯をこう指摘しています。

被告人小山は、かねてから(中略)安倍晋三の地元秘書佐伯伸之と交際していた。平成一一年(一九九九年)施行の山口県下関市長選挙では、安倍議員が支持する候補が当選したところ、被告人小山は、同候補を支援する活動をして当選に寄与したとして、佐伯秘書に対し、絵画の買取り名下に現金五〇〇万円の支払いを要求し、同秘書をして三〇〇万円を工面させた。その後も、被告人小山は、安倍議員に面会して(中略)金員の支払いを要求したが、同議員側からこれを拒絶されたため、要求に応じなければ同議員の政治生命を断つ旨の電報を送り付けるなどした。

――つまり小山氏は、一方的に安倍議員が支持する候補の当選に支援寄与した。その報酬として佐伯秘書に五〇〇万円を要求したが三〇〇万円しか払われなかった。それで、残りの二〇〇万円欲しさに、政治生命を断つぞと電報を送りつけたわけですね。

山岡　この事件がツイッターなどで認知されるようになったのも、「#ケチって火炎瓶」というフレーズでした。安倍事務所が「報酬をケチった」とも受け取ることができるからです。しかし、ことはさほど簡単ではありません。

――私もはじめは、ＳＮＳでこの件を知りました。

放火未遂事件の犯人は安倍氏支援を公言していた人物

山岡　まず小山氏は前科八犯でありますが、「安倍の支援者」を公言していた人物でした。地元下関で行政や地元の政治家に食い込んで、公共工事や土地買い占めなどの手数料を稼ぐ、いわゆる「ブローカー」として名が知られており、暴力団員ではありません。実際に安倍議員とも一緒に撮った写真（写真②）がありますし、古くから安倍議員を知っていました。ただ、一緒に事件を起こした高野基氏は、指定暴力団工藤会に所属している系列の暴力団の組長で、小山氏が服役中に知り合ったとされる人物です。念のために言っておくと、小山氏が高野組長に火炎瓶投下を依頼したのは事実ですが、安倍議員や安倍事務所が直接、選挙妨害を暴力団に依頼した事実はありません。

――五〇〇万円を三〇〇万円しか払わずに、二〇〇万円を値切ったとされる件は？

山岡　小山氏がブローカーとして、日ごろ動かしていたお金は数千万円、場合によっては億単位の案件です。それに比べて選挙妨害による報酬五〇〇万円は、中傷文書のコピー代とビラ撒きの手数料ぐらいの感覚でしょう。あと二〇〇万円欲しさに、ヤ

写真②　安倍氏（左）の支援者を公言していた小山氏（右）

写真提供／『アクセスジャーナル』山岡俊介氏

安倍邸火炎瓶放火未遂事件　関連年表

1991年		安倍晋太郎氏　膵臓がんにて死去（67歳） 安倍派県議であった古賀敬章氏は将来は知事と有望視されながら、安倍事務所の秘書や支持者を引き連れて飛び出した。（晋太郎氏死去による混乱期の跡目争い）
1993年		第40回衆議院選挙（中選挙区）で安倍晋三氏政界デビュー。古賀敬章氏も初当選。安倍晋三氏の地位を脅かした。
1996年		第41回衆議院選挙（小選挙区）で安倍晋三氏・9万3459票（54.3%）に対して古賀敬章氏は5万9676票（34.7%）で落選したものの脅威を与えた。
1997年	2月23日	自民党山口県連パーティで安倍晋三氏と小山佐市氏・記念写真。（本文参照）
1998年		下関市長選挙で安倍派の江島潔氏を再選させるために安倍事務所の佐伯秘書が安倍晋三氏の対抗馬であった古賀敬章氏も市長選に出馬することから小山佐市氏に選挙妨害を依頼。小山氏と佐伯秘書は選挙半年前と選挙期間中に「ヘイト及び女性スキャンダル」誹謗中傷のビラを撒く。
1999年	5月1日、10日、11日 5月20日 6月14日 6月15日 6月22日 7月 3日 8月30日 9月21日	佐伯秘書に督促文書を渡す 絵画取引成立（領収書） 午後4時に佐伯秘書が小山氏の会社を訪問 同午後6時に松浦氏が安倍事務所（竹田筆頭秘書）を訪問 小山氏の部下（松浦氏、吉永氏）が安倍事務所を訪問 安倍事務所の竹田筆頭秘書が、小山氏と安倍氏の面談を約束 安倍氏と小山氏が1対1で面談 小山氏、安倍事務所の佐伯秘書に恐喝罪で告訴され逮捕される 小山氏、起訴猶予で釈放される
2000年	6月14日 6月17日 6月27日 8月14日	安倍事務所と誤認して結婚式場に放火未遂 安倍邸車庫兼倉庫に放火。乗用車3台が全半焼・損傷 安倍事務所放火未遂事件 ※この頃、事務所に弾痕（発砲事件か？） 後援会事務所窓ガラス損傷。自宅車庫・乗用車損壊
2003年	11月11日	小山佐市氏逮捕（工藤会系の一斉摘発がきっかけ）
2004年	2月号	『噂の眞相』選挙妨害の記事掲載
2006年	12月号	月刊『現代』に、魚住昭氏と青木理氏が、共同通信に関する記事を発表「記事差し止めと『平壌支局』開設のただならぬ関係」

クザを使って火炎瓶を投げさせるでしょうか?、小山氏にしても、実行犯の高野組長にしても、彼らはそんなはした金のために危ない橋は絶対に渡りませんよ。

——現金以外の要求があったということでしょうか?

山岡　小山氏は、下関市の発注する公共工事で儲けたいと考えていました。当時、地元に大型ショッピングセンター・ジャスコの誘致をしようと動いていました。ようするに地権者の許可を取り付けて、仲介手数料を手に入れる。小山氏はその地上げ対象地区の利権にかかわっていました。その地区の横を道路が通るよう、市に計画変更を要求しています。また、小山氏は亀田博氏の後援者でもあったことから亀田氏が市長時代に行った日韓高速フェリー事業による約八億五〇〇〇万円の債務の件も気にかけていました。軽く見積もっても億単位のお金の「案件」で、これらの「案件」の実行を促すよう、地元の有力政治家である安倍事務所に働きかけていたわけです。実際に小山氏は、安倍事務所の佐伯秘書に五月一日、一〇日、一一日と三日間にわたって、催促しています。

最終的には億単位になる利権の問題

——利権がらみの案件であり、すぐに答えが出せるような話でもないと思うのですが。

山岡　おっしゃる通りです。そこで、まずここは、五〇〇万円で収めてもらおうと、佐伯秘書が小山氏に「動く」のです。小山氏の話によると、当初、佐伯秘書は小山氏に対して五〇〇万円の支払いを提示してきたそうです。しかし、小山氏はずっと断っていた。すると今度は下関市に本社を置くS社の前社長「尾木」氏と、S社の「小野」社長（当時）の二人一緒になって、連日のように小山氏の有限会社恵友開発を訪問。小山氏が所有する絵画購入を懇願したというのです。当初、小山氏は、佐伯秘書の差し金による、迂回した金銭の支払いだと思い、断っていたそうです。しかし、「尾木」氏の妻が「本当にその絵画が欲しい」「佐伯とは関係ない」と言い、実際に小山氏の所有する絵画は、近代日本美術協会委員、サロン・ド・パリ正会員なども務めた石井薫風《くんぷう》の作品であったため、「本当に絵画が欲しいのだな」と、小山氏は結局三〇〇万円で絵画を譲ることにしたのです。

――小山氏はなぜ、報酬の五〇〇万円の支払の申し出を断ったのでしょう。

山岡　小山氏の狙いは、最終的に億単位につながる利権の取得が目的です。五〇〇万円でお茶を濁されても困ると思ったのでしょう。小山氏にとって五〇〇万円は、選挙妨害の報酬ではなく、絵画の売買という取引でした。小山氏の手元には、「尾木」氏宛ての、平成一一年五月二〇日付三〇〇万円の複写式領収書の控えも保管されています。

さらに小山氏は、もともと要求していた「案件」についての回答が欲しいと、六月一四日に佐伯秘書を自分の会社に呼び出します。しかし、晋太郎時代から秘書を務めていたとはいえ、結局のところ、決定権は佐伯秘書にはありません。それで小山氏は、「話にならない」と、「安倍先生との直談判」を求め、その場で佐伯秘書から、安倍事務所の筆頭秘書である竹田氏に連絡を入れさせました。そして、翌日、小山氏が竹田筆頭秘書を安倍事務所に訪ねることになりました。実際には小山氏は行かずに、代わりに部下の松浦氏と吉永氏が訪問しています。

――小山氏と竹田筆頭秘書は、面識があったのですか?

山岡　小山氏の話によると一九七七年からです。安倍晋太郎さんの代からのつき合いですね。

第一の証拠文書で確認されたこと

――旧知の関係だったのですね、そこではどういった話がされたのですか?

山岡　まず、選挙妨害のことです。

一九九九年四月二五日に投開票が行われた市長選直後の五月一日、一〇日、一一日に安倍首相宛に出した書面を持参して、あらためて回答を要求しています。その結果、六月一七日、小山氏の会社と安倍事務所との間で、第一の証拠文書「確認書」

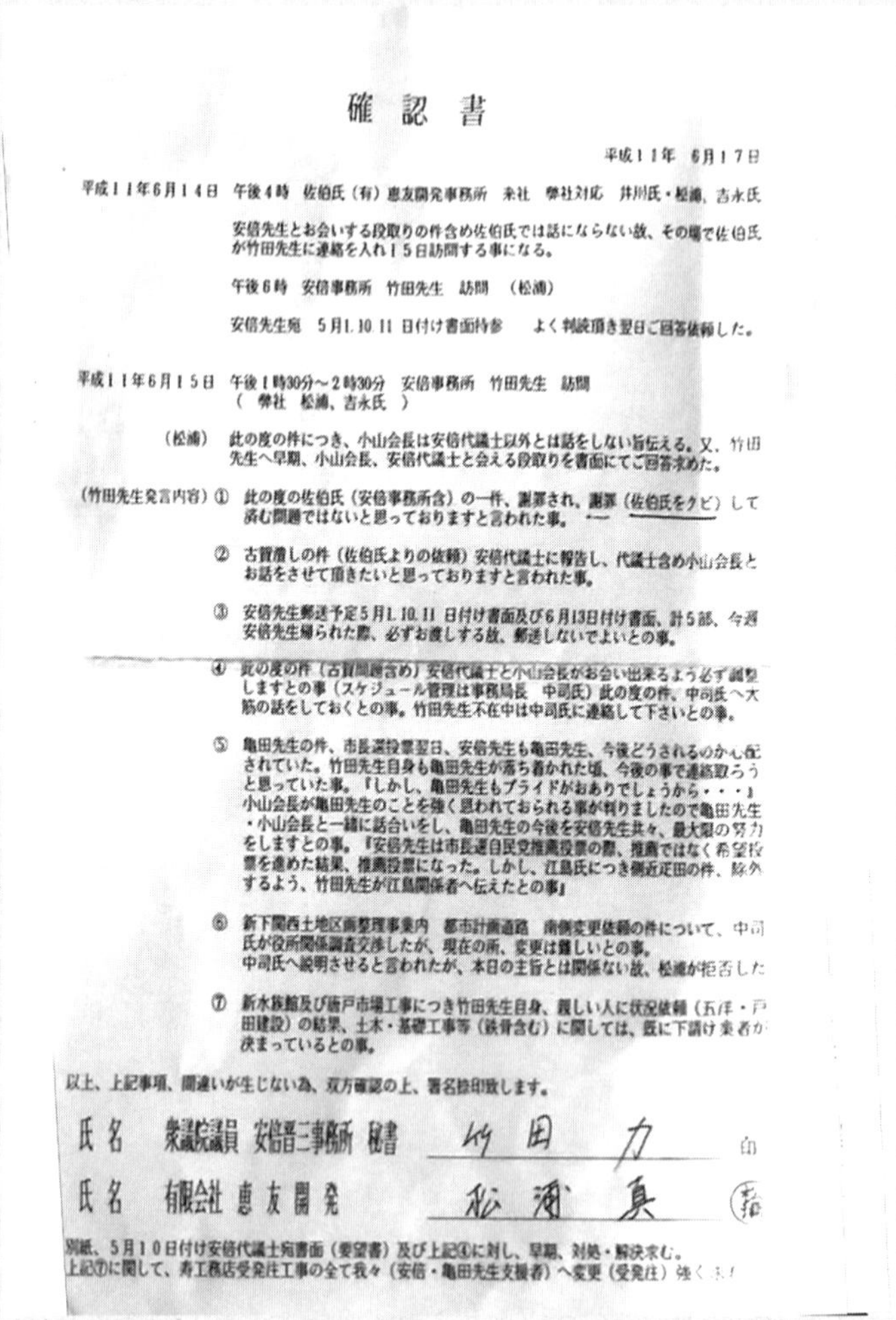

確 認 書

平成11年 6月17日

平成11年6月14日 午後4時 佐伯氏（有）恵友開発事務所 来社 弊社対応 井川氏・松浦、吉永氏

安倍先生とお会いする段取りの件含め佐伯氏では話にならない故、その場で佐伯氏が竹田先生に連絡を入れ15日訪問する事になる。

午後6時 安倍事務所 竹田先生 訪問 （松浦）

安倍先生宛 5月1.10.11 日付け書面持参 よく判読頂き翌日ご回答依頼した。

平成11年6月15日 午後1時30分～2時30分 安倍事務所 竹田先生 訪問
（ 弊社 松浦、吉永氏 ）

（松浦） 此の度の件につき、小山会長は安倍代議士以外とは話をしない旨伝える。又、竹田先生へ早期、小山会長、安倍代議士と会える段取りを書面にてご回答求めた。

（竹田先生発言内容） ① 此の度の佐伯氏（安倍事務所含）の一件、謝罪され、謝罪（佐伯氏をクビ）して済む問題ではないと思っておりますと言われた事。

② 古賀潰しの件（佐伯氏よりの依頼）安倍代議士に報告し、代議士含め小山会長とお話をさせて頂きたいと思っておりますと言われた事。

③ 安倍先生郵送予定5月1.10.11 日付け書面及び6月13日付け書面、計5部、今週安倍先生帰られた際、必ずお渡しする故、郵送しないでよいとの事。

④ 此の度の件（古賀問題含め）安倍代議士と小山会長がお会い出来るよう必ず調整しますとの事（スケジュール管理は事務局長 中司氏）此の度の件、中司氏へ大筋の話をしておくとの事。竹田先生不在中は中司氏に連絡して下さいとの事。

⑤ 亀田先生の件、市長選投票翌日、安倍先生も亀田先生、今後どうされるのか心配されていた。竹田先生自身も亀田先生が落ち着かれた頃、今後の事で連絡取ろうと思っていた事。『しかし、亀田先生もプライドがおありでしょうから・・・』小山会長が亀田先生のことを強く思われておられる事が判りましたので亀田先生・小山会長と一緒に話合いをし、亀田先生の今後を安倍先生共々、最大限の努力をしますとの事。『安倍先生は市長選自民党推薦投票の際、推薦ではなく希望投票を進めた結果、推薦投票になった。しかし、江島氏につき側近疋田の件、除外するよう、竹田先生が江島関係者へ伝えたとの事』

⑥ 新下関西土地区画整理事業内 都市計画道路 南側変更依頼の件について、中司氏が役所関係調査交渉したが、現在の所、変更は難しいとの事。
中司氏へ説明させると言われたが、本日の主旨とは関係ない故、松浦が拒否した

⑦ 新水族館及び唐戸市場工事につき竹田先生自身、親しい人に状況依頼（五洋・戸田建設）の結果、土木・基礎工事等（鉄骨含む）に関しては、既に下請け業者が決まっているとの事。

以上、上記事項、間違いが生じない為、双方確認の上、署名捺印致します。

氏名 衆議院議員 安倍晋三事務所 秘書 竹田力 印

氏名 有限会社 恵友開発 松浦真 （印）

別紙、5月10日付け安倍代議士宛書面（要望書）及び上記④に対し、早期、対処・解決求む。
上記⑦に関して、寿工務店受発注工事の全て我々（安倍・亀田先生支援者）へ変更（受発注）強く求

写真③ 第一の証拠文書「確認書」には、小山氏と安倍首相との間で、一対一で話し合いを約束することが明記されている。

写真提供／『アクセスジャーナル』山岡俊介氏

（写真③）が交わされています。

「平成一一年六月一四日午後四時、安倍事務所の佐伯秘書が小山氏の恵友開発事務所に来社、弊社対応　井川氏・松浦、吉永氏」

と記され、

「安倍先生とお会いする段取りの件含め佐伯氏では話にならない故、その場で佐伯氏が竹田先生に連絡を入れ一五日訪問する事になる。

午後六時　安倍事務所　竹田先生　訪問（松浦）

安倍先生宛　五月一、一〇、一一日付け書面持参　よく判読頂き翌日ご回答依頼した」

と冒頭に記されています。

――確かに、先ほどの山岡さんの説明どおりの記載が行われていますね。「選挙妨害に協力した件で安倍首相と直談判したい」と要求していますし、「書面にて」回答を求めてもいますね。

山岡　はい。そしてそのときの竹田秘書の発言内容をまとめた内容も記載されています。①から⑦の項目の要約は次の通りです。

①このたびの安倍事務所及び佐伯氏の一件、謝罪しても済む話ではなく、佐伯

氏をクビにして済む話ではない。
②では、佐伯氏より依頼の〝古賀潰しの件〟安倍氏に報告し、代議士を含め小山会長とお話をさせて頂きたい。
③それまでの書面は安倍代議士に直接渡すので送付しなくてもよい。
④古賀問題を含め安倍代議士と小山会長が必ず会えるよう、安倍代議士のスケジュール管理をしている中司事務局長に大筋の話を通しておく。竹田氏が不在の時には中司氏が対応する。
⑤この市長選に出馬し最下位で落選した亀田博氏（現・下関市議会議員）の今後において最大限の努力をする。
⑥小山氏は自分が絡んでいた新下関駅近くの区画整理事業区域の道路変更の件について、安倍事務所の中司氏が役所関係に調査交渉したが、変更は難しいとのこと。
⑦さらに下関市発注の新水族館（＝海響館。建設費は一二三億円）などの建設工事への参入を求めていたが、すでに下請け業者は決まっていたこと。

筆頭秘書の署名捺印が入った第二の証拠文書

山岡　第二の証拠文書もあります（写真④）。先の話し合いの結果を踏まえて、小山氏と安倍首相との間で、一対一で話し合いを約束することが明記された文書です。

　これは、一九九九年六月二二日に有限会社恵友開発会長小山佐市氏宛てに、安倍晋三事務所の筆頭秘書である竹田力氏が、署名捺印までして作成した「願書」となっています。

「平成一一年七月三日（土）午前一〇時　下関市東大和町一丁目八番一六号　安倍晋三事務所において平成一一年五月一、一〇、一一日付け書面及び六月一五日付け書面につき、小山会長・安倍代議士（一対一）で話合いする事、勝手ながら決めさせて頂きました。大変お忙しい中、お手数お掛け致しますが、安倍事務所へお越し頂けますよう、何卒、宜しくお願い申し上げます」

と記されています。

――時系列で整理すると小山氏が絵画を譲り三〇〇万円を

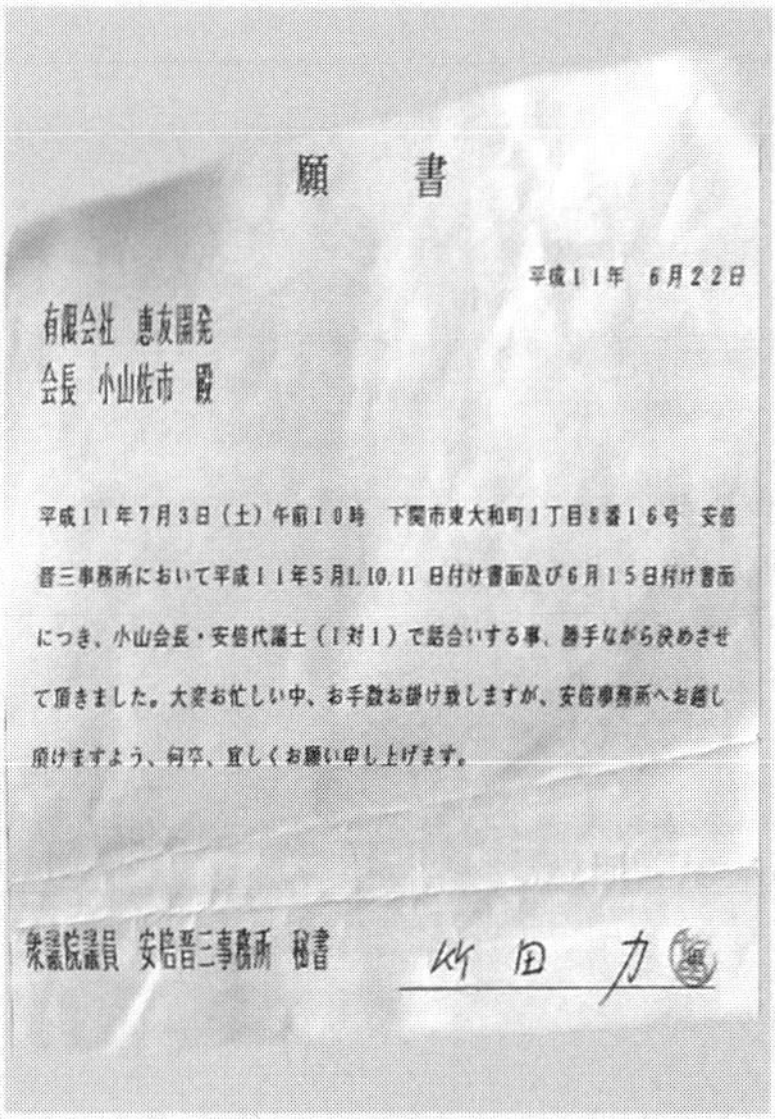

願　書

平成11年　6月22日

有限会社　恵友開発
会長　小山佐市　殿

平成11年7月3日（土）午前10時　下関市東大和町1丁目8番16号　安倍晋三事務所において平成11年5月1.10.11日付け書面及び6月15日付け書面につき、小山会長・安倍代議士（1対1）で話合いする事、勝手ながら決めさせて頂きました。大変お忙しい中、お手数お掛け致しますが、安倍事務所へお越し頂けますよう、何卒、宜しくお願い申し上げます。

衆議院議員　安倍晋三事務所　秘書　竹田力

写真④　第二の証拠文書「願書」

写真提供／『アクセスジャーナル』山岡俊介氏

受け取ったのが五月二〇日。第一の証拠文書「確認書」によると、互いに事務所を訪れたのが六月一四日と一五日です。そして、安倍氏との一対一の話し合いを約束したのが六月二二日。

実際に二人は直接あったのでしょうか？

山岡　会っていると断言できます。七月一三日付の第三の証拠文書「確認書」（写真⑤）は、それを裏付けるものでしょう。確認書の冒頭に、この面談の件は「双方一切他言しない事、約束を交わした」と記されています。

また、第二の文書の「願書」に記されていた予定どおり七月三日に、安倍氏と小山氏の面談が実行されたこと、そしてその時間は午前一〇時から一一時四五分と長時間だったことも記されています。小山氏は「安倍事務所の奥には防音装置のついてる部屋があってそこで二人きりで密談した」と語っています。何より、二〇一六年、筆頭秘書だった竹田氏の自宅を直撃した際、小山氏と安倍氏が会ったことを竹田氏が認めています。

——この面談のとき、小山氏が安倍氏にコーヒーカップを投げつけたという話も耳にしましたが。

山岡　小山氏本人によると、煮え切らない態度に「机は蹴とばした」ということでした。

小山氏と安倍氏は何を話したのか？

――小山氏と安倍氏は具体的には何を話したのですか？

山岡　その内容は、第三の文書「確認書」（写真⑤）に明記されています。

小山氏の〝見返り〟要求の①は、亀田元市長の件については、希望があれば就職にも最善を尽くすということでした。

また、新下関駅近くの区画整理事業区域の道路変更とは、例のスーパー・ジャスコ出店に関することです。これを見ると、安倍事務所は、道路変更の件は難しいとしています。

何より興味深いのは、②選挙妨害の件が「古賀問題」と記載されていて、互いに弁護士を入れ、解決するとなっている点です。これは、選挙妨

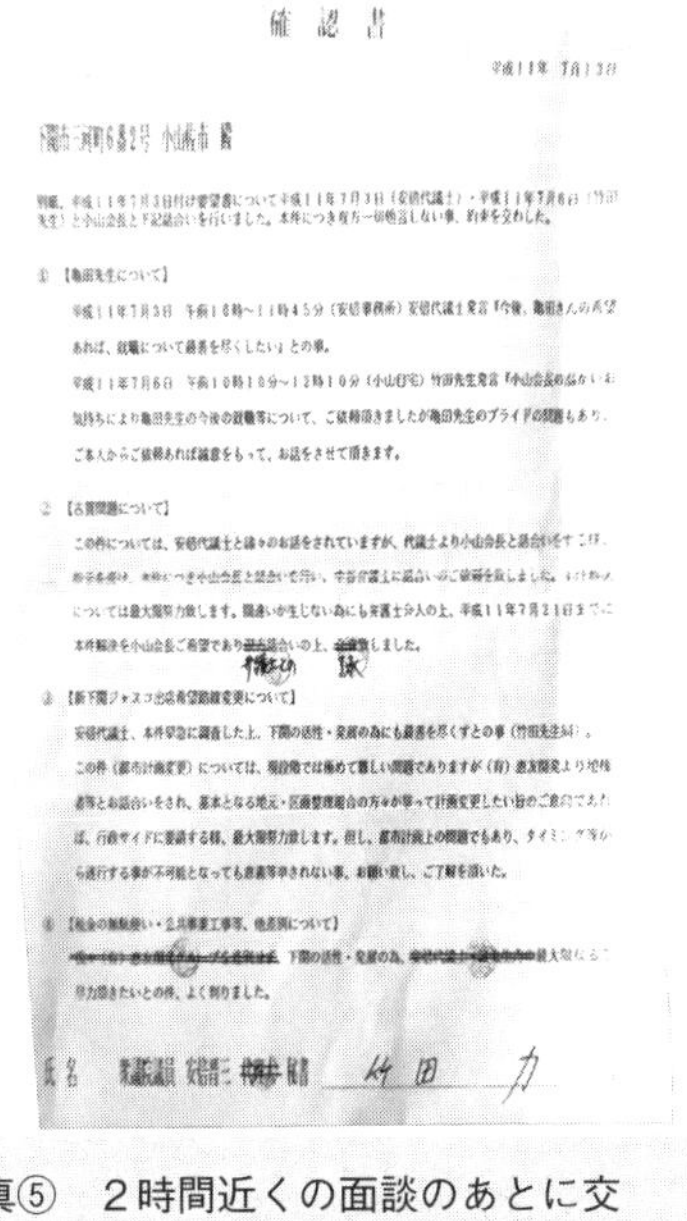
確認書

平成11年7月13日

下関市一の宮町6番2号　小山佐市　殿

別紙、平成11年7月3日付け要望書について平成11年7月3日（安倍代議士）・平成11年7月6日（竹田先生）と小山会長と下記話合いを行いました。本件につき双方一切他言しない事、約束を交わした。

① 【亀田先生について】

平成11年7月3日　午前10時～11時45分（安倍事務所）安倍代議士発言『今後、亀田さんの希望あれば、就職について最善を尽くしたい』との事。

平成11年7月6日　午前10時10分～12時10分（小山自宅）竹田先生発言『小山会長の恐ないお気持ちにより亀田先生の今後の就職等について、ご依頼頂きましたが亀田先生のプライドの問題もあり、ご本人からご依頼あれば誠意をもって、お話をさせて頂きます。

② 【古賀問題について】

この件については、安倍代議士と諸々のお話をされていますが、代議士より小山会長と話合いをすこと。……本件につき小山会長と話合いを行い、……に話合いのご依頼を致しました。……については最大限努力致します。誤解が生じない為にも弁護士介入の上、平成11年7月21日までに本件解決を小山会長ご希望であり話合いの上、……しました。

③ 【新下関ジャスコ出店希望路線変更について】

安倍代議士、本件早急に調査した上、下関の活性・発展の為にも最善を尽くすとの事（竹田先生談）。

この件（都市計画変更）については、現段階では極めて難しい問題でありますが（有）……より地権者等とお話合いをされ、基本となる地元・区画整理組合の方々が揃って計画変更したい旨のご意向であれば、行政サイドに要請する様、最大限努力致します。但し、都市計画上の問題でもあり、タイミング等から遂行する事が不可能となっても責任等求められない事、お願い致し、ご了解を頂いた。

④ 【社会の福祉扱い・公共事業工事等、他差別について】

……下関の活性・発展の為、……最大限にご尽力頂きたいとの件、よく判りました。

写真⑤　２時間近くの面談のあとに交わされた第三の証拠文書「確認書」。

写真提供／『アクセスジャーナル』山岡俊介氏

害を小山氏に頼んだことが前提になった内容です。依頼がなかったのならば、一対一の面談も、互いに弁護士を介して協議する必要性もなかったはずです。

――弁護士を介して協議すべき重要な内容だったわけですね。

山岡　選挙妨害のためにバラ撒かれた文書のなかには、ライバル候補だった古賀敬章氏に関する女性スキャンダルを報じた『アサヒ芸能』記事とともに、古賀氏は朝鮮人で、当選したら下関市は金王朝になるといったヘイト丸出しの虚偽作成文書もありました。

安倍氏は小山氏に、「竹田は親父の代からの腹心中の腹心です。今日の件は竹田へ報告し、絶対に約束を守らせます。安心して下さい。佐伯はすぐに首にします」「古賀のことは今日をもって口外しないで下さい」と懇願し、最後に「亀田先生の件については落ち着かれたら考えましょう」と語ったそうです。

小山氏も「よくわかりました」と応じ、お互い堅い握手を交わした。そして、小山氏が安倍事務所を出て帰るとき、安倍氏を先頭に竹田筆頭秘書、事務員総出で見送ってくれたと話しています。

公職選挙法違反行為の口止めの見返り

――安倍事務所の依頼した公職選挙法違反の行為に対する口止めの見返りに、小山氏の過大な要求に対して約束してしまったのですね。

山岡　そうですね。グレーな要求に「努力する」「約束は守る」とこの場では答えたのでしょう。ところが、これら三通の文書で交渉の記録を残しながらも安倍事務所は、何一つ実行に移さなかった。約束を反故にしたのです。

私は、小山氏が火炎瓶事件を起こしたのは、あくまでも本来の「案件」を実行させる手段として「交渉型」から「攻撃型」に変えたのだと考えています。

火炎瓶事件は、ただ単なる放火事件や選挙妨害というだけでなく、政治家と利権の構造を考えさせる重要な事件だといえます。

いまは、安倍事務所の佐伯秘書も竹田力秘書も鬼籍に入っており、残念ながら真相の深層にはたどり着けません。しかし、こと権力者の不正につながる問題には、目を逸らさず、忖度もせず、ジャーナリストとして可能な限り、追及していきたいと思います。

山岡　俊介（やまおか・しゅんすけ）
フリージャーナリスト。一九五九年、愛媛県生まれ。神奈川大学法学部卒。法政大学大学院日本人文科学研究科中退。『アクセスジャーナル』主宰。編プロを経て29歳で独立。『噂の眞相』で執筆。著書に『アムウェイ商法を告発する』『銀バエ 実録武富士盗聴事件』『福島第一原発潜入記 高濃度汚染現場と作業員の真実』など。

第三章

民主主義と安倍政権

思想家・内田樹氏に訊く!

「安倍晋三はなぜ、〝嘘〟をつくのか?」

Special Interview

元森友学園理事長・籠池泰典&諄子夫妻に訊く!

「いまだから、話せること」

日本の政治機構の致命的な欠陥

「人柄が信用できないから」

――内閣支持率調査などでは、安倍政権不支持の理由でもっとも多い回答が、常に「人柄が信用できないから」という項目です。モリカケ（森友学園と加計学園）疑惑、防衛省の日報問題、厚生労働省の統計不正問題など、次々起こる問題に、国民は安倍首相に不安を抱き、「なんとなく嫌だな」「嘘をついているのではないか」と感じ取っていることが反映されています。

国会では、立憲民主党の枝野代表との論戦などで、安倍首相は独特の「信号無視話法」、「ご飯論法」を繰り出し、その「話法」が話題になりました。質問に対してYES、NOをはっきり言わないのが特徴です。政府答弁は、決して言質を取られないようはぐらかすのが歴代政権の常套手段ですが、それにしても近年の安倍首相の発言は、ひどすぎるようにも思えます。

しかし、安倍首相の次がいないという決めつけや、民主党政権の三年間の〝トラウマ〟があるのか、国民が未だに受け皿を選びかねているようにも見えます。

内田 樹（以下、内田） 反対者と対話する能力がないというのは深刻なことだと思います。それって、「挨拶ができない」ということとほとんど同じですから。挨拶なんだから、別に万感をこめてしなくたっていいんです。「おはようございます」とか「おつかれさま」とか「ありがとう」くらい、口先だけでもいいから、言ってみてほしいと思います。挨拶ができてからしか実のある対話は始まらない。そんなこと社会人としての常識じゃないですか。でも、安倍首相は国会で野党の質問のときに「せせら笑い」をしてますよね。あれはほんとうにいけないと思う。冷笑というのは

© Yoshiro Sasaki 2019

対話も交渉も端《はな》からやる気がないことの意思表示ですから。
――「嘘」とか「真実、事実とは何か？」ということに注目が集まったのは、モリカケ疑惑がきっかけだったと思います。

国会で追及されたとき、安倍首相は異常な早口になっていました。「私や妻が関係していれば、これはもうね、国会議員も総理大臣も辞めますよ。これだけは、これだけは申し上げておきたい」と顔を紅潮させて反論していました。森友学園への国有地売却に首相夫妻が関与している証拠があれば出してみろと言っているかのようにも見えました。

安倍首相は、関与を真っ向から否定しました。あの首相発言のあと、改ざんを主導した首謀者といわれる中村稔理財局総務課長（当時）が、過去の決裁文書などに首相や昭恵夫人が件の土地に関わっているようなことを示す記述がないのか、恐らく詳細にチェックを始めたのでしょう。中村氏は、改ざん前の文書に出ている、安倍首相や昭恵夫人の記述だけでなく、他の政治家たちの記述も含めてリストアップし、作成を指示。そのリストを基にして、近畿財務局の職員たちを二〇一七年二月二六日の日曜日に休日出勤をさせて、改ざんをさせていくことになりました。首相のその場での思い付きで恐らく口に出したのではといわれている、あの一言の発言を契機に、財務省の組織的な改ざんがはじまったのです。

シナリオがある嘘とない嘘

内田　安倍首相がつく嘘には、「シナリオがある嘘」と「シナリオのない嘘」の二つがあるみたいですね。とっさに口を衝いて出た「シナリオがない嘘」から始まって、「シナリオのある嘘」へと移ってゆく。もろもろ不祥事のきっかけは、首相の意図せざる失言です。「それは言ってはダメ」ということを不用意に洩らしてしまう。その場で自分を大きく見せようとしたり、相手の主張を頭ごなしに否定するために「言わなくてもいいこと」を口走ってしまう。その点については自制心のない人だと思います。

「その点についてはさきほどは間違ったことを申し上げました。お詫びします」とちょっと頭を下げれば済むことなのに、誤まったと認めることを頑強に拒否する。性格的に自分の非を認めることがよほど嫌なんでしょうね。だから、明らかに間違ったことを言った場合でも、「そんなことは言っていない」「それは皆さんの解釈が間違っている」と強弁する。「立法府の長です」なんていう言い間違いは、国会で平身低頭して謝らないと許されない言い間違えです。「もしかしたら言い間違えていたかもしれない」「失礼、済みません」と釈明はしたものの、その後も「立法府の長」という発言を繰り返しています。しかも、あろうことか勝手に議事録を改ざんした。

「立法府の長」とか「私や妻が関係していれば」発言がその典型ですけれど、まず不用意なことをつい口走ってしまう。その失敗を糊塗するために、官僚が走り回って、つじつまを合わせて、もともと言ったことが「嘘ではないこと」にする。首相の不作為の「言い損ない」がまずあって、それをとりつくろうために官僚たちが「シナリオのある嘘」を仕込む。第二の嘘には間違いなく「シナリオライター」がいると思います。誰か「嘘の指南役」がいて、「こういうステートメントでないと、前言との整合性がとれないから、これ以外のことは言ってはダメです」というシナリオを誰かが書いている。

——今井尚哉筆頭首相秘書官をはじめ、省庁から出向している秘書官がいます。それぞれ、総理執務室がある官邸五階や内閣府の本庁舎などに部屋を与えられているようですが、彼らがシナリオを書き、チェックしているのでしょうか。

内田　こういう違法行為で最終的に罪に問われるのは、実行犯である官僚たちなわけですよね。政治家はあくまで「私は知らない。そんな指示を出した覚えはない」と言い張る。それに、官僚たちにしても、たしかに具体的な指示を聞いたわけではないんです。上の人間に皆まで言わせず、その意向を察知して、「万事心得ておりますから、お任せください」と胸を叩くようなタイプでないと出世できない。だから、「忖度」というのは政治家と官僚が「阿吽の呼吸」で仕事をしている限り、原理的にはなくなることはないと思います。

国会答弁での〝嘘〟に合わせて改ざん!?

――森友疑惑では、首相の二月一七日の国会答弁直後から、これを聞いた中村課長らが、首相や昭恵夫人の名前が記載されていた決裁文書の改ざんを近畿財務局職員らに指示していくことになりました。結果として、意に反して改ざんを強いられた近畿財務局の職員たちは、相当に苦しめられたと思います。自殺者まで出てしまいました。

内田　首相の「とにかく非を認めるのが嫌だ」という頑なさは常軌を逸していると思います。でも、人は失敗を認めないと、誤りの修正ができない。失敗を認めない人は同じ失敗を繰り返す。過去の失敗だけでなく、これから取り組む政治課題についても、自分の能力が足りないから「できない」ということを言いたくない。だから、「できもしない空約束」をつい口走ってしまう。人格的な脆弱性において、ここまで未成熟な為政者はこれまで戦後日本にはいたことがない。このような為政者の登場を日本の政治プロセスは経験したことがないし、予測してもいなかった。だから、そういう人間が万一出てきた場合に、どうやってこの為政者がもたらす災厄を最小化するかという技術の蓄積がない。

アメリカは、その点がすぐれていると思います。デモクラシーというのは、つねに「国民的な人気があるけれど、あきらかに知性や徳性に問題がある人物」を大統領に選んでしまうリスクを抱えている。アメリカでは、建国の父たちが、憲法制定時点からそのリスクを考慮して、統治システムを設計した。「問題の多い人物がたまたま大統領になっても、統治機構が機能し続けられる」ようにシステムが作られている。

『アメリカのデモクラシー』を書いたアレクシス・ド・トクヴィルがアメリカを訪れたときの大統領はアンドリュー・ジャクソンでした。トクヴィルはジャクソンに面会して、このように凡庸で資質を欠いた人物をアメリカ人が二度も大統領に選んだことに驚いていますけれど、同時に、このような愚鈍な人物が大統領であっても統治機構が揺るがないアメリカのデモクラシーの危機耐性の強さに対して称賛の言葉を書き記していました。

いまでもそうだと思います。ドナルド・トランプは知性においても徳性においてもアメリカの指導者として適切な人物とは思えませんけれど、とにかくそれでもアメリカのシステムは何とか崩れずに機能している。議会や裁判所やメディアが大統領の暴走を抑止しているからです。

アメリカ人は政治に大切なものとして「レジリエンス（復元力）」ということをよく挙げますけれど、たしかに、ある方向に逸脱した政治の方向を補正する復元力の強さにおいては、世界でもアメリカは卓越していると思います。そして、いまの日本の政治過程に一番欠けているのは、それだと思います。復元力がない。

日本の場合、明治維新以後は元老たちが総理大臣を選んできました。非民主的なやり方でしたけれど、「国民的人気はあるけれど、まったく政治的能力のない人間」が登用されるというリスクは回避された。戦後の保守党政治でも、「長老たち」の眼鏡にかなう人物でなければ首相の地位にはつけなかった。でも、そういう「スクリーニング（選抜・審査）」の仕組みはもう今の自民党では機能してないですね。

安倍首相のいいところは何か？

――しかし一方で安倍首相は、政治家も記者も、いいなと思った人は、とことん大切にすると聞きます。改ざんの首謀者ともいわれた、佐川宣寿理財局長（当時）がどれだけ世論から批判を浴びても国税庁長官に栄転させたり、佐川氏同様、国会で「記憶にない」を連発した柳瀬唯夫元首相秘書官が、ＮＴＴグループの社外取締役に退職後、就任したりと、首相の身内から告発めいた話が出てこないのをみると、やはり仲間や官邸に従う官僚を良くも悪くも大切にする政治家なのではないかなという気がします。

内田先生は、安倍首相の優れていることは何だと思われますか？　人を従わせるための権力の使い方には長けているところ？

内田　人間の卑しさと弱さについて熟知している点ですね。どうすれば人の弱みにつけこんで、操縦できるかということについてはたしかな知識と技術を持っていると思います。

――（苦笑）。私は、任侠的精神があると思います。自分の側に付いた人はきちんと大切にする。第二次安倍政権発足以降、今日まで、安倍―麻生―菅のトライアングルは崩れません。とはいえ、四月の福岡県知事選で麻生氏が推した候補者が大差で破れ、〝令和おじさん〟の菅氏が頭一つ出てきた印象がありますが……。

もっと言えば、小泉政権下の郵政選挙で自民党を離党した平沼赳夫氏を、安倍首相は唯一、自民党に復党させることを考えていました。チーム安倍は見捨てない、というところがあるようにも見えます。盟友、故中川昭一氏が酩酊状態でも、記者会見のときに乱れたワイシャツの襟をかいがいしく直していたのは安倍首相でした。

余人を以って代え難い統治者・安倍晋三

憲政史上最長となるかもしれない総理大臣

――安倍首相は、在任期間が憲政史上最長となるかもしれない総理大臣です。

今回、安倍首相について、改めて調べてみました。本書の第一章で掲げた安倍首相の家族関係や幼少期、学生時代やサラリーマン時代のエピソードなどに始まって、安倍首相が第一次内閣を病気で辞任するまでの漫画もその一つです。また、自著や新聞・雑誌記事での安倍首相の発言、報道された事件などから、安倍晋三という政治家について、また、安倍首相を通して、日本の政治について考えてみました。

内田　彼の生育環境がどうであったのか、親子関係がどうだったのか、どのようなトラウマを抱えていたのか、そういったことを心理学的に分析することは安倍政治を理解するためには、いずれ必要になると思います。でも、問題は彼の独特のふるまいを説明することではありません。嘘をつくことに心理的抵抗のない人物、明らかな失敗であっても決しておのれの非を認めない人物が久しく総理大臣の職位にあって、次第に独裁的な権限を有するに至っていることを座視している日本の有権者たちのほうです。いったい何を根拠に、それほど無防備で楽観的にしていられるのか。僕にはこちらのほうが理解が難しい。

安倍晋三がどういう人間なのかを議論するのは、心理学の素材としては興味深い論件だと思いますけれど、僕はあまり関心がありません。それよりは、どうして、彼のような人物が政治家になれ、政党のなかで累進を遂げ、ついに独裁的な権限をふるうに至ったのか、それを可能にした日本の統治機構と有権者の意識の方に関心がある。

これは安倍晋三という政治家個人の問題ではなくて、日本のデモクラシーの制度の問題だと僕は思います。この六年間、ずっと政権批判をしてきましたけれど、最終的に、安倍晋三という個人を分析してもあまり意味がないというのが僕の得た結論です。そうではなくて、彼を「余人を以て代え難い」統治者だと見なしている多くの日本人がいるわけですけれど、そのような判断がいったいどういう理路をたどって成立するのか、そのほうに僕は興味がある。

安倍首相はいずれどこかの時点で首相の地位を去る。でも、彼を独裁的な権力者にして担ぎ上げた政治体制と国民意識がそのあとも手つかずで残るなら、いずれ第二第三の安倍晋三が出てくることを防ぐ手立てがない。

自国よりもアメリカの国益を優先する統治者

——トランプ大統領は、ファクトチェックから相当嘘つきみたいに言われますが、安倍首相はそれとはまた少し違いますか？

内田　嘘つきのタイプが違いますよね。

© Yoshiro Sasaki 2019

——トランプ大統領の方が強権的に見えますね。

　安倍首相は、佐々木豊成元内閣官房副長官補が分析しているＴＰＰについても、当初二〇一二年の衆院選の自民党マニフェストでは「ＴＰＰ署名は断固反対！」と言っていたのが、その後、第二次安倍政権になり、二〇一三年の「記者会見」（二月二三日）ではあっさりとその旗印を降ろして、ＴＰＰ加盟へと進みました。断固反対が変わっていって、そのことを突っ込まれても平気で「断固反対と言ったことは、ただの一回もない」（二〇一六年四月七日国会にて）と言っていました。

でも、安倍首相の指示で何かやっているように見えて、そこにいる今井秘書官はじめ各省庁出身の秘書官や、国家安全保障局長の谷内《やち》正太郎氏、兼原信克同局次長などの外務官僚が、安倍首相という〝神輿〟を担いでうまく利用しているようにも思えます。官邸官僚やNSC（国家安全保障会議）の幹部たちからすると、安倍首相は非常にやりやすい、動かしやすい相手なのではないでしょうか。

内田　彼を担いでいるのは「対米従属マシーン」という政官財学メディアを巻き込んだ巨大なシステムです。いま望月さんが名前を挙げた人たちも、みなその「対米従属マシーン」のメンバーです。彼らは日本の国益よりアメリカの国益を優先的に配慮することによって、アメリカから「属国の代官」として認証されて、その地位を保全されている。清朝末期にいた「買弁」と機能的には同質のものです。

ただ、清末の買弁が自分たちは「悪いこと」をしているという犯意があったのに対して、日本の対米従属マシーンのメンバーたちにはその意識がありません。彼らは「アメリカの国益を優先的に配慮することが、日本の国益を最大化することだ」ということを本気で信じているか、あるいは信じているふりをしている。だから、主観的には罪の意識はないのです。日本のために、国土と国民を守るためにアメリカに従属していることのどこが悪い、と自分を正当化することができる。

もともとこの仕組みは「対米従属を通じての対米自立」というきわめてトリッキーな戦後日本の国家戦略の産物だったわけです。最終目的はあくまで「対米自立」だった。吉田茂の時代から田中角栄の時代まで、サンフランシスコ講和条約から沖縄返還まで、その軸はぶれていないと思います。

でも、安倍政権では、もう「対米自立」は国家目標としては掲げられていない。対米従属という手段がどこかで自己目的化した。対米従属マシーンのメンバーであることによって国内での高い地位と高額の収入を約束されている限り、彼らにしてみたら、対米従属はエンドレスで続いてほしい「ステイタス・クオ」(現状)であるわけです。

ふつうの国の統治者は自国益を最優先するけれど、安倍政権は自国益よりもアメリカの国益のほうを優先する。日本国民から吸い上げた税金をアメリカの軍隊や企業にどんどん注ぎ込む。日本の国内産業の保護育成を犠牲にしても、アメリカの企業のために市場を開放してくれる。アメリカの国際政策はどんな不細工なものでももろ手を挙げて賛成してくれる。世界を見渡してみても、これほどアメリカにとって便利な政府は存在しない。だから大事にして当然です。

ホワイトハウスからのメッセージ

――官邸に出向している官僚のなかには、「総理を心底支持しているわけではまったくない」と言う人もいます。「では何故？」と聞くと、「日本がどうということよりも、当分は、安倍政権を維持しろという、これは米政権、ホワイトハウス側の意向だから」と平気で言う方もいます。ホワイトハウス、ワシントンの拡声器であるジャパン・ハンドラーからしてみれば、安倍首相は非常に扱いやすいのでしょう。

では秘書官や官邸官僚たちが、改憲に熱意を燃やしているかというと、そうではないようです。ある秘書官は、オフレコ懇談で取り巻きの記者たちに、「改憲は総理のご趣味の世界だから」と漏らしていると聞きます。しかし、憲法改正ばかり言ってても政権は維持できないので、ご趣味の世界は別として、とにかく、アベノミクス効果の演出、経済再生に余念がないということのようです。

ある官邸官僚は、「国民というのは、思想的に右だろうが左だろうが、どうでもいいと思っている。自分たちの身のまわりの実生活に困らない限りは、政権に矛先は向かない。だからこそ、経済がうまくいっているという状況を国民に見せ続ける必要がある」と指摘していると聞きます。

安倍首相が、憲法改正や教育を変えることに執着していることが、安倍首相シンパからすれば、ありがたいことなのだと思います。憲法改正や教育改革への熱心さは、歴代総理では、中曽根政権以来じゃないでしょうか。もっとも、中曽根政権は当時、中選挙区制で護憲の社会党も一定の勢力があった。教育も含めて、制約の多い政権運営を強いられていて、なかなか思い通りにはいかなかったわけですが。

安倍政権は、公務員法を改正して、内閣人事局で役所の幹部人事権を握り、特定秘密保護法を作りました。外堀を埋めつつ、改憲、教育改革を推し進めようとしています。改憲を目指してきた日本会議などからすれば、漸くこんな首相が現れたと、とても歓迎しているところなのでしょう。森友疑惑で改ざんが起きようが、統計不正が出てこようが、国の根幹を形づくってきた憲法改正を首相は本気でやろうとしている。千載一遇のチャンスだと、どんな疑惑が出てきても強烈に安倍政権を支援し続けているのです。

日本は、アメリカの属国だけど敵国

内田　アメリカにとって、安倍晋三というのは一面ではきわめて好都合な政治家だけれども、危険な政治家でもある。集団的自衛権を発動して、アメリカの海外派兵の「二軍」として働くこと、アメリカ製の武器をどんどん買ってくれること、巨額の「ホスト・ネーション・サポート」予算で米軍基地を維持拡充してくれることなどは米軍にとっては大変好ましいことでしょうけれど、そういう日本の「軍事優先」がどこかで節度を越えて、軍事上のフリーハンドを要求するようになると、それはアメリカにとっては東アジアに新たなリスク・ファクターが出現することを意味する。もし、改憲が「アメリカから押しつけられた憲法」を否定するだけでなく、アメリカの統治原理そのものを否定することを意味するとしたら、ホワイトハウスもいい顔はしないでしょう。その点では、アメリカは必ずしも一枚岩ではない。日本を実質的に支配しているのは「アメリカ」というより、端的に米軍とそれにつらなる軍産共同体です。対米従属といいますけれど、実質的には日米合同委員会を通じて日本をコントロールしているのは米政府ではなく、在日米軍です。そして、米軍の意向は必ずしもアメリカ人すべての意向ではない。当たり前です。現に、『ニューヨーク・タイムズ』のようなリベラル系のメディアは一貫して安倍内閣のナショナリズムや改憲志向、慰安婦問題への取り組みを批判してきた。

改憲で日本が平和主義を捨てることを望んでいる隣国はアジアにはいません。改憲を強行すれば、当然、中国・韓国をはじめアジア諸国との外交関係は緊張する。そのようにして西太平洋の地政学的安定を損なうことをおそらく多くのアメリカ人は望んでいない。アメリカからすれば「いまで十分」ということだと思います。平和主義国家としては桁外れの防衛予算を組んで、アメリカ製の兵器を買ってくれている。これ以上好戦的な国になってもらうことはない。アメリカの本音は、「日本は黙ってアメリカの言うことを聞いていればよい」ということに尽くされると思います。

僕たちは忘れがちですけれど、アメリカにとって日本は太平洋戦争で二九万人のアメリカ兵を殺した国です。日本では「鬼畜米英」はもう死語ですけれど、「リメンバー・パールハーバー」はいまでもアメリカでは感情喚起力のあるスローガンです。日本は属国だけれど、かつての敵国なのです。属国として厳しい支配下においているのは、ほんとうのところはこの「おべっかつかい」を信用していないからです。この感情的な非対称を日本人は忘れているんじゃないですか。

政治的幻想「大日本帝国の再建」の夢を抱く人々

――アメリカの意向を見つつ、とりあえず、安倍政権の基盤を維持するために、日本会議などの強烈な安倍首相の支援層を引きつけておく材料として、改憲はひたすら言い続けているということしょうか。

内田　「大日本帝国の再建」という時代錯誤的な政治的幻想を抱いている人たちは一定数存在しています。彼らが安倍晋三のコアな支持層を形成している。彼らの熱狂的な支持によって自民党政権はとりあえず与党でいられるわけです。彼らに一斉に離反されたら、自民党はもう政権の座にはいられない。だから、この支持層はどんなことがあっても手離すわけにはゆかない。

彼らの支持を引き留めておくためには、「餌」を投げ続けるしかない。「改憲」とか「教育勅語」とか「家族」とかいうのは、別に特段の政治的緊急性はないのだけれど、この支持層を引き留めておくためには言い続けなくてはならない。

同床異夢と呉越同舟、かつ期間限定

内田　安倍政権を支えている人たちには、いろいろな集団がいます。日本会議や神道系のファナティックな反動派もいるし、対米従属マシーンを利用して出世しようとしているエリート官僚やジャーナリストや学者もいるし、官製相場のおかげで毎日個人資産を増やしている投資家たちもいます。それぞれの思惑が、たまたま安倍晋三という一人に凝集している。同床異夢なんです。「同床異夢」で「呉越同舟」で、かつ「期間限定」なんです。だから、「安倍晋三しかいない」というのは、言われてみれば、たしかにその通りなんです。それ以外の自民党の政治家では、狂信的な大日本帝国賛美者からシニックな投資家までのすべてに「いい顔」をするようなアクロバティックな政策を維持することはできないからです。どこかの支持層を切り捨てないと、整合的な政策は立てられない。でも、自民党の支持基盤はすでにかなり脆くなってきているので、支持層の一部を切り捨てると、政権基盤は安定性を失う。

安倍首相だけがかろうじて、本来なら政治的なクラスターを形成するはずのない、相互に利害や思想の相反する人たちを、ある人たちは幻想をばらまくことで、ある人たちは実利で釣ることで、とりまとめている。それが「安倍首相しかいない」という言葉の実相だと思います。

──出口戦略などと言っていますが、金利を上げ始めて、マネーサプライを回収し始めたら、その瞬間に日本経済は落ちていくのではないでしょうか。どうやってごまかし続けるのか見当もつきません。

内田　経済学者の金子勝さんがアベノミクスのことを「シャブ漬け」と呼んでいますが、そうだと思います。覚醒剤中毒と同じで、止めたらハードな禁断症状が始まる。覚醒剤を打っている限りは、体力は失われてゆき、回復する可能性がそれだけ遠ざかるけれども、禁断症状の発症は先送りできる。

──対米従属への意識が強く、「アメリカからもっと独立したい」という思いは、安倍首相にはまったくないようにも思えます。「アメリカに押しつけられた憲法を新しいものに変えたい」と言いながら、その実像は、国益よりもむしろ米国重視。明らかな矛盾が安倍首相のなかには混在しているように見えます。本来の保守が思っている独立は、たぶん彼の意識下にはまったくないのではないでしょうか。

ただ、アメリカにベッタリであることが、自分の権力基盤を維持し続けられる、最大の手段だという認識は、岸信介氏の生涯を見てきて、はっきりと自覚しているのかもしれません。

官僚の言い分、メディアの言い分

国益のために賢い俺が上に行くしかない

内田　官僚たちは安倍首相を統治者として能力的には決して高く評価していないと思いますけれど、それでも一点だけ高く評価しているところがあります。それは信賞必罰ということです。自分におもねってくる人間はただちに抜擢し、自分に逆らうものはただちに左遷する。この判定が正確で、かつスピーディなのです。おべっかを使ったけれど「いいこと」がなかったということもないし、反抗したけれど「お咎め」がなかったということもない。官僚についても知識人についても、官邸の敵か味方か、その査定は、実に正確で、かつきめ細かい。これは率直に言って、たいしたものだと思います。

日本のエリートたちは、受験秀才ですから、入力と出力の間に正の相関があり、かつ入力と出力のタイムラグがない査定が大好きです。入試はまさにそういうものです。その点で、安倍官邸による査定はみごとなものだと思います。

官僚たちが堰を切ったように官邸に阿諛追従するようになったのは、この査定制度のメカニカルな正確さが気に入ったからです。

官僚というのは、総じて自分の能力をたいへんに高く評価する。「自分のような人間が出世して、国の舵取りをすべきだ」と思っている。自分の出世がそのまま日本の利益であり、日本人の利益であると思っている。だから、官邸の査定システムを利用することにあまり罪の意識を感じずにいられる。

たしかに安倍政権には問題が多いけれど、支持すると、自分は出世できる。それははっきりしている。「このボタンを押すと出世できます」というシンプルなメカニズムが目の前にあるときに、「ボタンを押さない」という選択は自分にはできない。なぜなら、自分のように卓越した人間が出世して、日本の舵取りをすることが日本の国益を最大化させることなのだから。官僚はこういう自己正当化を行います。だから、罪の意識を持たずに、屈辱感を感じずに、官邸におもねることができる。

そして、安倍首相自身も、官邸におもねる官僚たちと同じような自己正当化を、今度はアメリカを相手にしているわけです。「対米自立」という日本の悲願は「自分のような卓越した人間」がトップに立って、全権を以て断行する以外に実現できないのだ、と。そう自分に言い聞かせている。

自分におもねってすり寄ってくる霞が関の官僚たちが、実は面従腹背していることを安倍首相だって知っている。それと同じように、安倍首相はアメリカ大統領に思い切りおもねっている。それ以外に日本の首相であり続ける手立てがないからです。自分にへつらう官僚たちがそうすることで何を手に入れているか安倍首相はよく知っています。だから、自分のボスにへつらうと、自分もそれと「同じもの」を手に入れられると思っている。

その意味では、対米従属マシーンと、官邸従属マシーンはまったく同じ原理で作動している。それは戦後日本の基本的な国家戦略である「対米従属を通じての対米自立」と同型的な自己正当化のロジックに基づいている。面従腹背することによって、自己利益を確保する。かつての国家戦略が処世術にまで矮小化して反復されている。

権力に一番近いメディアの功罪

——残念ながら、メディアのなかにもそういうことはあります。

政治家はよく、清濁併せ呑むと言いますが、安倍首相はじめ政治家に食い込んだ記者の多くは、政治家が出世していくと同時に、自分が権力を持っているように錯覚してしまうのかもしれません。ある政治部の記者は、社会部から出て政治部に行き、内閣記者会から官邸に出入りするようになって、「自分は一番権力に近いところにいる」と平気で言っていて、驚いたという話を同僚から聞きました。官僚が菅官房長官に頭を下げているのを見ていると、官僚たちもまた、一見、菅氏に従順なように見せつつ、「自分も一緒に政治を動かしているんだ」という共闘、共存共栄の意識が芽生えているのかもしれません。

内田　僕は数年前に二年間朝日新聞の紙面審議委員をやっていました。隔月で本社に行って、お歴々の前で話をしたり、聞いたりしていました。政治部長もその席にいたわけですが、彼が「自分が知っていること」を読者と共有する気がないということに驚きました。彼らは首相と寿司など食っているわけですから、「オフレコ」で政権中枢から情報を得ている。だから、「自分たちはいま日本で本当は何が起きているのか知っているけれども、読者は知らない」という、情報の質量における際立った差がある。でも、そのことを特に気にしているようではなかった。

僕は委員として、どうしてこれについては詳細な報道がなされないのかということをある案件について訊ねたのです。すると、「まあ、ここだけの話ですけれど、その背後にはこれこれこういう事情があって、さすがにこれは書くわけにはゆきません。ですから、この程度のあいまいな記事になるわけです」と説明してくれた。そう説明されると、こちらも「なるほど」と納得してしまうわけですけれども、ここで審議委員四人が「なるほど」と頷いても、それではメディアの仕事を果たしたことにはならないじゃないかと思いました。八〇〇万人読者が「なるほど」と頷くような記事を書くことが最優先でしょう。重大な事実についても、ジャーナリストが知っていれば、読者は知らなくても特に問題はないという考え方に僕は納得がゆかなかった。

「書かない正当性」のためのロジック

――自分はいまこの国の政治の中枢を動かしていて、「日本のために言えないのだ」ぐらいに思っているのでしょうか。

内田　自分たちが政治を動かしているとまでは思っていないでしょうけれど、自分のような優れたジャーナリストが政権中枢近くにいて、インサイダー情報を取ってきて、「本当は何が起きているのか」を知っていることの方が、それを読者に伝えることよりも優先すると考えていることは間違いないです。先ほどの官僚の阿諛追従の自己正当化と同じロジックです。

自分は一流のジャーナリストであって、自分は政権中枢で何が起きているか、政府が何をしようとしているか知ることのできる立場にある。そこで得た情報をいずれ報道することになるのか、そのまま握りつぶして終わるのか、それはわからない。とりあえず今はニュースソースとの信頼関係を崩せないから、これについては口を噤んで、読者には伝えない。そういうふうに「報道しないこと」についての自己正当化をしているんだと思います。

――言わないことによって、どんな利益があるのか……。

内田　官邸との信頼関係を維持して、「このジャーナリストは味方だ」と思われれば、いまの官邸の査定システムでしたら、ただちに特典が与えられる。「ここだけの話」が入ってくる。それによって表面的には無関係に思える出来事や、取り立てて耳目を集めない出来事が、実は深いところではつながっていて、重要な社会的変化の予兆だったりすることがわかる。世間の人間は知らないことを、自分は知っている。この知的な非対称がジャーナリストにもたらす全能感はそういう経験のない人間にはなかなか想像がつかないと思います。

すべてのジャーナリストは程度の差はあれ、「知ること」と「伝えること」の間の矛盾を抱え込んでいるはずなんです。現実に何が起きているかを「知ること」がジャーナリストにとってはもちろん第一のミッションです。でも、それを「伝えて」しまうと、ニュースソースとのパイプが途絶して、それ以上の情報が入ってこないというリスクがある場合にはどうしたらよいのか。

いまの日本のトップジャーナリストたちは、この葛藤に苦しんでいるように見えません。彼らは「知ること」を優先して、「伝えること」についてはもう副次的な重要性しか認めていない。だから、彼らの「書く記事」は彼らが「知っていること」よりはるかに少ない情報しか含んでいない。当然、それを読まされる読者たちは、構造的に「情報弱者」の地位に固定されることになる。それが続くと、読者たちのリテラシーはどんどん劣化する。記者が遠回しにほのめかしても、ヒントを忍び込ませても、読者のリテラシーが落ちていたら、もうメッセージを解読することができなくなる。そして、記者の側の「伝える」意欲がそれだけ減退する……そういう悪循環に陥っているのが現状だと思います。

――情報収集の一方で、本当に相手の懐に食い込むには、きちんと相手に物を言う、喧嘩するときは喧嘩をしないと記者ではないという感覚があります。これは社会部的な感覚なのでしょうが、当局に食い込むなかでいつも私が一番こだわっていたのは、その食い込む当局のなかの不祥事でした。勝負するときはしますよという覚悟と緊張感を、常に取材対象者との間では、持っていないといけないと思っています。

裏情報量に比例して記事がつまらなくなる

内田 「寿司友」のジャーナリストたちの書く記事の共通点は「つまらない」ということと「偉そう」ということです。つまらないのは、「ほんとうのことを書かない」ことで信頼関係を築いているので、政権の機嫌を損ねそうなことを書かないから。「偉そう」なのは、それにもかかわらず、オレたちはお前ら一般人が知らない裏の裏の事情まで通じているんだよということを、なんとかして誇示したいので、人を見下すような文体を採用せざるを得ないからです。

——菅氏は、自民党の無派閥の取り込みを行うのと同様に、リベラル系の記者の取り込みもうまいと聞きます。ある記者から聞いた話ですが、ある番記者を呼んで、ある会社の社長人事をリークしたそうです。「これをあしたの一面で書け」というわけです。懐柔ですね。そうやってその記者にとって美味しいネタを少しずつ出すなかで、記者はそのネタを貰える有り難さとともに、逆に菅氏には、厳しい質問ができなくなるという流れになるわけです。番記者さんが皆、ネタほしさに懐柔されているとは、まったく思いませんけど。記者がどういう生きものであるかを菅氏はよくわかっているのだと思います。

内田　官僚も記者も、自己正当化の仕方はぜんぶ一緒なんです。とりあえず自分が高い職位に上ることが、自分の属する組織のためであり、業界のためであり、ひいては日本のためなのだと自分に言い聞かせている。自分が偉くなるためには、長いものには巻かれ、大樹の陰に寄って、とにかく自分が「陽の当たるところ」に出てゆくことが、すべてに優先する。自分が活躍することができないと日本はダメになる。そうやって、自分は私利私欲のために、自己利益のために、権力におもねっているのではないかという自己嫌悪の尻尾を切り落としている。そういう人間のことを「イエスマン」というのですが、いまの日本のキャリアパスでは、イエスマンでないと出世できないのです。

心からのイエスマンという人はたぶん一人もいないと思うのです。みんな面従腹背している。

いつのまにか、この自己正当化は日本のエリートたちの心理的な初期設定になってしまった。それがいまの日本のシステムの劣化の最大の原因だと僕は思います。「面従腹背」というのは、緊急避難的なふるまいではあっても、日常的なマナーになってはならない。平時であれば、おかしいことに関しては「おかしい」と言い、「筋が通らない」ことについては「筋が通らない」と言い、嘘についてでは「それは嘘だ」と言い、不正については「それは不正だ」とはばからずに言うということが基本のマナーであるべきなんです。その上で、「なかなかそうもゆかない」局面においては委細面談ということにする。それが本邦における伝統的な「大人のマナー」だったはずです。

でも、トップに諫言する人間や、組織ぐるみの不祥事についてすぐにメスを入れるべきだと直言する人は「うるさい奴だ」と次々と左遷され、中枢から排除され、ついに日本の指導層のなかに「常識的な大人」がほとんどいなくなってしまった。

行政機構の悪魔のしくみ

「筋目を通す」官僚がいなくなった

――柴山昌彦文部科学大臣が、「教育勅語の使用はアレンジしたりした形で使える分野は十分ある」と言って議論となりました。きっかけは二〇一四年、当時の下村博文文科大臣のもとで、前川喜平さんは初等中等教育局長でした。下村大臣から、「教育勅語の使用は差し支えないというように答弁を直せ」と言われて、当初は、「使用に問題がある」としていたのに、国会の委員会ではどうしてもそれを言いたくなくて、お茶を濁したような答弁をしたんです。そしたらその場ですぐ、下村大臣がバッと答弁に立って、「教育勅語の使用は、問題ない」と断言してしまったそうです。前川さんから、教育勅語の前例は、ここから踏襲されるようになったと聞きました。

内田　前川さんは、個人的には立派な人だと思います。官僚にしては根性もある。でも、本当は「いま大臣がおっしゃったことに私は同意できません」と言って席を立つのがことの筋目だったと思います。ずいぶん無理なことを言っているとわかったうえで申し上げますけれど、そうするのが「ことの筋目」なんです。そういう「筋目を通す」硬骨の官僚はとりあえず今の日本の役所の上の方には皆無になったということです。

「公人」とは何なのか？

内田　公人だって、私人としての政治的な意見は持って当然です。でも、公人としてふるまう以上は、自分の立場に反対する人々を含めて、集団を代表しなければならない。どれほど多数派であっても、自分に賛同する人間の利害だけを代表する人間は「権力を持った私人」であって、「公人」ではありません。反対者を含めて全体を代表する、敵対者と折り合って統治するというのが民主制の統治原理です。でも、その基本原理を理解している政治家がいまの日本にはほとんどいない。

公人は「私は中立です」と宣言すればそれで済むわけじゃない。だって、中立というような定点は存在しないんだから。中立というのは、「反対者を含めて全体を代表し、敵対者と折り合って統治する」ときに採択される暫定的な足場のことです。定位置ではない。状況が変わるごとに変わる。「私はこの政策に賛成でも反対でもない。どちらでもない」ということが中立だと思っている人がときどきいますけれど、中立であるというのは、そんな知的負荷の少ない仕事ではありません。この人たちの言う「中立」はただ判断を保留しているというだけのことです。勝敗の帰趨が決したあとになってから「勝ち馬に乗る」ような態度のことを「中立」とは呼びません。中立というのは、もっと積極的・能動的なものです。対立を調停し、異論をすり合わせて、落としどころを探る、かなり骨の折れる仕事を含んでいる。その仕事を託されているのが「公人」です。

みんなが同じくらい不満足な解

——公人とは何かを、改めて考えさせられますね。

内田　公人であるためには、高い技術が必要なんです。ただ選挙で選ばれたとか、役所に就職したからといって自動的に公人になれるわけじゃない。公人であるためには「公人とは何か」ということを学び続けていかなければいけない。「公人道」とでも呼ぶべき長期にわたる修業の過程がある。「私は中立です」「この件に関して私は賛成でも反対でもない」というような、口先だけの中立であるためには、知識も技術も要らない。それは単なる思考停止です。

もう一つ、勘違いしている人が多いのですけれど、合意形成というのは「みんなが満足する解を見出す」ということではありません。そんなこと実現できるはずがない。「満足」

を基準にしたら、議論は要りません。だって、「多数派の意見」をそのまま採択すれば、間違いなく「多数派の人たちは満足する」からです。

合意形成というのは「みんなが満足する解を採択する」ことではない。そんなことは原理的に起こり得ないからです。それは「多数が満足する解を採択する」ことでもありません。それなら議論も対話も無用です。選挙で多数派を占めた政党に独裁権を与えれば済む。実際に、民主制というのをそういうものだと思い込んでいる人はたくさんいます。

でも、民主制下における合意形成というのはそういうものではありません。合意形成というのは、みんなが同じぐらいに不満足な解を出すことなんです。それが民主主義における「落としどころ」なんです。大岡裁きに「三方一両損」というのがありますけれど、まさにそれなんです。合意形成とは、かかわっているプレイヤーたち全員の不満足の程度をだいたい同じくらいに均すことなんです。これを達成するためには、プレイヤーたちの一人ひとりにおける「ここだけは絶対に譲れないところ」と「この辺は譲ってもいいところ」の境目をよく見切って、「灰色決着」における「灰色の明度」を揃えなければいけない。民主主義は技術がなければ運用できない複雑な仕組みなんです。それを単純に、原理主義的に運用しようとするから、民主主義が機能しなくなる。

多数決の賛否が正しい政策とは限らない

内田　橋下徹前大阪市長が「大阪都構想」の住民投票の後に、「大阪都構想は間違っていた」と総括しました。「負けたというのは間違っていたということだ」と言い切りました。この発言を「潔い」と評価したメディアもあったようですけれど、僕はこれは民主主義社会の政治家が決して口に出すべきではない言葉だと思いました。投票の結果というのは、それだけのことです。投票結果が五一対四九であるというのは、単に五一対四九に賛否が分かれたというだけのことであって、それ以上の意味はない。過半数をとった方の選択肢が実現されるというだけのことであって、これ

は「正しい、間違っている」ということとはレベルの違う話です。

多数決の投票によって採択された政策が大失敗で、その後多くの災厄をもたらしたというようなことは歴史上いくらでもあります。だから、多数決での賛否には「多数決での賛否」以上の意味はない。どこかで決めなければ仕方がないから、やむなく投票で賛否を問うただけの話で、投票結果が教えるのは有権者はどちらの政策を選好したかだけであって、どちらの政策が正しかったかを判定したわけじゃない。橋下さんがそれを意図的に混同させていたことを僕は非常に危険だと思った。だって、この言い分を許せば、多数決で決まったことはすべて「正しい」ということになる。彼が提出する政策が多数決で通ったら、それは「正しい」政策だと認知されたということになる。そんなことあるはずがないじゃないですか。

政策の適否は事後的に、歴史的検証を経てしか決まらない。投票で採否を決したのは、「とりあえず、これでやってみよう」ということについての暫定的な同意が成ったというだけのことであって、「この政策が正しいと認定された」という話ではない。当たり前のことです。ある政策の正否がわかるのは、何年も、場合によっては何十年も経過したあとの話です。

でも、五一対四九の投票結果を「五一の側の意見が正しいと認定された」というふうに意図的に誤読する人たちが現にたくさんいる。彼らは単に民主主義を壊したがっているのか、それとも民主主義を適切に運用するために必要な技術知を習得することができないほどの無能なのか、僕にはよくわかりません。

政治家の資質と立法府の空洞化

政治家の質が変わった

――政治家の質が、どうも変わってしまった気がします。良くない方向に、です。かつての自民党の歴代政権は党派間の争いもありましたし、いま思えば、右も左も取り込んだ政治をやっていたのではないでしょうか。当時といまでは選挙区制が変わったということも影響していると思いますが、どう思われますか？

内田　選挙区制の問題ももちろんあるでしょうけれど、それ以上に政治家の資質の問題だと思います。政治家を育てるシステムがすっかり変質してしまった。今は政党が自前の「養殖場」で政治家を純粋培養しています。隔離された場所で育成されたせいで、いまの若い政治家たちは政党を超えた人脈ネットワークを持っていません。だから、政党間のネゴシエーションができなくなってしまった。これが立法府が空洞化している主因の一つだと思います。

僕の前妻の父は平野三郎という人でした。自民党の国会議員を五期務めて、そのあと県知事になった政治家ですが、学生時代は非合法の日本共産党の中央委員でした。特高に逮捕されて、ひどい拷問を受けました。召集されて、七年間中国大陸で戦って、帰ってきてから自民党の国会議員になった。戦前はマルクスボーイ、戦後は自民党というような経歴の人は他にもいました。その岳父の叔父は平野力三といって、片山哲内閣のときに農林大臣だった政治家ですが、戦前は皇道会という右派団体を率いていた。

岳父は学生時代にコミュニストで、長じて自民党の議員になった。それは政治的な振れ幅が大きかったということではないと思うんです。もともと「貧しい人たちと連帯して、社会正義を実現する」という同じような動機で政治に志したけれど、それを実現するための政治思想や政治組織の選択が違っていたということだったと思うんです。だから、その頃の政治家たちは、違う政党に旧知の友人がいるということが別に珍しくなかった。

今の自民党にはそういう人がまずいないでしょう。JC出身で政治家になった、日本会議から出て政治家になった、タレントやスポーツ選手で知名度が高いので一本釣りされた……そういう政治家ばかりです。違う政党にも人間的に信頼できる知己を持っているというような人はまず執行部に候補者としては選択されない。

かつては、政治的な立場は違うけれど、人間としては信頼できるということがありました。福島みずほさんは野中広務と後藤田正晴に対しては深い敬意を抱いていました。仙谷由人さんは「評価する政治家は誰ですか？」と僕が質問したときに、少し考えてから「森喜朗と山崎拓」と答えました。僕はこういうのが政党政治としては健全だと思います。政治的立場は違うが、個人的には話が通じる。さっき申し上げたように、合意形成というのは「みんなが同じくらいに不満な解」が落としどころになるわけですが、そのようなデリケートなやりとりは「個人的に話ができる」政治家同士でしかできない。そういう他党ともネゴシエーションできる政治家がどんどん少なくなっている。

「政党」オーディションで選ばれた政治家

――政党にとっても、国民が支持する魅力的な政治家がいないことは、大きな問題のはずですよね。

内田　党営選挙という仕組みが良くないんだと思います。政治的実力のない人間であっても、政党の「オーディション」に受かると、政党が丸抱えで選挙をしてくれる。でも、そうやって議員になった人たちは、自分ひとりの実力では議席を得られない人たちです。だから、引き続き議員の職にありたいと思ったら、党執行部に対しては逆らうことができない。執行部のほうも、指示に従って動いてくれるイエスマンが一番使い勝手がいいわけですから、そういうイエスマンを優先的に候補者として選び出すようになる。

なまじ地域に堅牢な支持基盤があり、政党のてこ入れがなくても当選できるような議員では執行部としては困るわけです。だから、地元でそれなりの業績をこつこつと積み上げて人望の高い人物が、まわりに推されて国会議員になるというケースがほとんど見られなくなった。そんな人はうっかりすると執行部に逆らって、独自の判断で政府の政策に異論を立てたりしかねないから。

ですから、僕は国会議員が全員どこかの政党に属しているということはあまり健全ではないと思います。基本政策の一致する無所属議員たちが集まって、ゆるやかな組織を形成するということはあっていいと思います。戦後最初の参院の最大党派は緑風会でしたが、これは無所属議員たちの集まりでした。ゆるやかな綱領しか持たず、党議拘束をかけなかったので、同一の法案について緑風会議員が賛否に分かれることもありました。参院の政党系列化によって、緑風会そのものは六〇年代なかばには消滅しましたけれど、自立した個人が会派を形成して、それぞれの見識を懸けて国会で議論をするということはあってよいことだと僕は思います。できたら、せめて参院だけは、政党系列化されない議員たちをもっと送り込みたいと思います。

「借り」を回収できる豪腕政治家

――政治家に必要な資質とは何かについては、人によって随分、さまざまな意見がありそうです。内田先生が「凄い政治家」と認められているのは、誰ですか？

内田 「凄い」というような形容ができる政治家は今の世界には見当たりませんね。僕が評価している一人は、カナダのジャスティン・トルドー首相です。軍事力でも経済力でも、決して大きくない国でありながら、国際社会に対してあれだけ斬新で明確なメッセージを発信できる力はたいしたものだと思います。

軍事力や経済力を背景にして自分の主張をごり押しする政治家はいます。ドナルド・トランプも習近平もウラジーミル・プーチンもそういう「押しの強い」政治家です。でも、「凄い」政治家ではない。

「凄い」政治家というのは、恫喝や利益誘導によってではなく、「頼むよ」の一言で、利害の異なる同盟国や、場合によって敵対的な国からさえ譲歩や妥協を引き出せる政治家のことです。どうしてそういうことができるかというと、その前の段階で、「貸し」を作っているからです。自分の側が譲歩してもそれほど懐が痛まず、相手にはたいへん「いいこと」があるような、損得が非対称的な外交的イシューについては、とりあえず自分の方が先に譲って、「貸し」を作っておく。この「貸し」をずっと帳面につけておいて、ここ一番というときに、「全額回収」にかかることができる政治家が、僕は「凄い政治家」だと思います。

よく「剛腕政治家」という形容がされますけれど、交渉相手から、ふつうなら引き出せないような大幅の譲歩を引き出せる政治家のことです。あれは別に暴力的に恫喝しているわけではないし、札びらで頬を叩いているわけでもない。彼らはたぶん「言いたかないけど、これまでずいぶん面倒みてきたよね」と言ってるんだと思います。これまでことあるごとに便宜をはかってきた相手から「断るわけにはゆかないタイプの借り」を回収することによって、普通ならありえないような譲歩や変節を引き出す。

アイゼンハウワーと田中角栄

——たとえば?

内田　僕はアメリカの軍人で政治家のドワイト・デビット・アイゼンハウワー（一八九〇～一九六九、第三四代大統領）は「剛腕政治家」なんじゃないかと思っているんです。アイゼンハウアーの軍歴は奇妙なんです。一九二〇年代の終わりから一六年間少佐のままなんです。同期がみんな出世してゆくのを指を咥えて眺めながら、将軍たちの補佐官とか副官を黙々と勤めている。でも、第二次世界大戦が始まってからはすごい勢いで昇進する。開戦時は中佐でしたけれど、四一年に大佐になり、四四年には大将にまで昇進して、ノルマンディー上陸作戦のときには連合軍の最高司令官になった。五年間で中佐から元帥にまで累進した。これはアメリカ陸軍の出世スピード記録だそうです。

どうしてこんな記録的な出世が可能だったのか。もちろん卓越した交渉能力があったからです。英国のチャーチル首相やフランスのシャルル・ド・ゴール大統領といった食えない政治家たちとタフな交渉をし、パットン将軍やモントゴメリー将軍といった個性的な軍人たちを巧みにコントロールし、スターリンやジューコフ将軍とさえ直談判した。

アイゼンハウアーはおそらく合意形成能力が卓越していたのだと思います。プレイヤーの手持ちのカードを見て、さっと「全員が同じくらいに不満足な解」を提案することができた。たぶんそうだと思います。アイゼンハウアーが「アメリカ・ファースト」というようなことを言っていたら誰もついてこなかったでしょう。

おそらくアイゼンハウアーは軍歴停滞期に、陸軍内部だけでなく、政府部内の各所から「何か頼まれたらにこやかに応じる」ということをしてこつこつと将来の準備をしていたんじゃないかと僕は想像しているんです。「陸軍のアイゼンハウアーというのは話のわかる奴だよ。あいつに頼むと、だいたいのことは何とかなる」というような評価を一六年間にわたって蓄積してきた。だから、職位が上がった時に「アイゼンハウアーに頼まれると断れないんだよね」という軍人や官僚が政府部内の要路にいた。だから、「剛腕」の連合軍最高司令官として活躍できたんじゃないかなと勝手に想像してるんです。

――年代にかかわらず、日本の政治家で、凄いなと思われる人は、どなたですか？

内田　最近の政治家では、福田康夫さんが好きでしたね。官房長官時代から、記者会見を面白く見てました。記者の質問に面白い切り返しをしていたことが印象的でした。

――二〇〇八年に福田康夫首相が辞任会見で、記者から「会見が他人事に聞こえる」と指摘されて、「私は自分自身を客観的に見ることができるんです。あなたとは違うんです」と答え、話題になりましたよね。「あなたとは違うんです」のフレーズを皆が使い、Tシャツなどにもプリントされました。福田氏は、

© Yoshiro Sasaki 2019

国会議員になる前の一九八〇年代半ばに、米国にある国立公文書館（ＮＡＲＡ）に刺激を受け、正しい情報を入手することが民主主義の原点だとして、日本での公文書管理に尽力した首相の一人ですが、森友疑惑の最中に、「国家の記録を残すということは、国家の歴史を残すということ。そのときの政治に都合の悪いところは記録に残さないとか、本当にその害は大きい」「後世に対する悪い影響を残すだけ」と、暗に安倍政権の公文書への対応を痛烈に批判していました。

いまの日本の政治家ではどうでしょうか。

内田　剛腕政治家といえば、やはり田中角栄でしょうね。僕の友だちの話ですけれど、新潟出身で、学生時代に過激派だった青年たちが、卒業したあと就職先がないということで、親に連れられて角栄さんのところへ就活に行ったことがあるんだそうです。事情を聴いた角栄さんは「若者は革命をやろうというぐらいの気骨がないと」と笑って、職を世話してくれたそうです。当然、彼らはその後越山会青年部の中核となり、田中角栄に生涯にわたって忠義を尽くした……と。たいしたもんだと思います。

自分と政治的立場がまったく違う人間でも懐に抱え込める。別に、角栄さんの方には「こいつをいつか利用してやろう」というような計算はなかったと思いますよ。ただ、「助けを求めて来た人間がいたら、手を貸す」ということを習慣的にやっていた。だから、あちこちに「貸し」があった。その中には回収できたものもあるし、回収できなかったものもある。でも、トータルでは回収率は高かったんじゃないかと思います。

いまの時代の政治家は自分の掲げるアジェンダに「賛成か反対か」ではっきりと敵味方を切り分けますよね。「排除します」という言葉を吐いた政治家がいましたけれど、この人は味方になれる条件を吊り上げることで自分の支配力や求心力を高めようとした。でも、本来、政治組織の領袖に求められる資質はその逆でしょう。味方であるためのハードルを下げることで、ふつうなら味方になってくれそうもない人たちを味方に引き込む。そうじゃないと、「ここ一番」というところでみんながあっと驚くような力業は使えません。そんな度量のある剛腕政治家がほんとうにいなくなったと思います。

国会の空洞化を仕掛ける行政府

――「国会での議論があまりにも軽視されている」――国会中継を見ていると、そんな感想を持ち、日本の政治や社会への無力感に襲われる、という声も聞きます。

内田　国会の空洞化は行政府が仕掛けていると僕は思っています。国会が機能していないということを国民に周知させ、国会での議論は政治ショーであり、アリバイづくりであり、茶番である、と信じさせることが結果的には行政府の力を強めることになる。「国権の最高機関」たる立法府の威信が低下すればするほど、相対的に行政府の威信は上がる。官邸はそれを狙って、国会の空洞化を積極的にめざしているのだと思います。

国会で、与野党の間で噛み合った実質的な議論がなされ、法案がよく練られ、それぞれの立場を配慮して、最終的に合意形成が成る……という民主主義のプロセスが展開していれば、国会はきちんと機能していることになる。そのプロセスが可視化されれば、立法府に対する国民からの信頼は高まる。それをしたくないのです。

あれだけうるさくメディアに圧力をかけてくる官邸が、国会で自党議員も含めて、スマホを見ていたり、居眠りをしている議員の映像が流れることには何の抗議もしない。あれは「国会議員って、何も仕事をしていない」という印象を有権者に刷り込むためにはきわめて効果的だからです。官邸は「国会の議論には意味がない」「国会議員は無駄飯食いだ」という印象をメディアを通じて国民に広めようとしている。自党の議員たちも「無駄飯食い」扱いされるわけですから、リスクは高いのですけれども、それでも「肉を切らせて骨を断つ」です。立法府が「国権の最高機関の名に値しない場である」という印象を国民が持てば持つほど、メディアが「いったい国会は何をやっているんだ」と声を荒立てれば荒立てるほど、「国会なんかなくても誰も困らない。行政府だけあれば十分だ」という反民主主義的な気分が醸成される。今のメディアは批評的なスタンスをとっているような口調で、国会軽視に積極的に加担しているように僕には見えます。それがどのような危険な帰結をもたらすことになるのか、そのリスクについてメディアはあまりに鈍感だと思います。

安倍首相が「立法府の長である」と言い間違える理由

――二〇一六年に続き、二〇一八年も安倍首相は、衆議院や参議院の予算委員会などで、何度も「私は立法府の長」と述べ、問題となりました。

内田　彼が何度も「私が立法府の長ですから」と言い間違えるのは、本気でそうだと思っているからじゃないですか。現に、議会内で過半数を制する政党の総裁なんですから、党執行部が決めたことは、そのまま法律になる。最大政党の総裁は「立法府の長」であると言っても過言ではない、と。たぶん内心ではそう思っているんじゃないですか。

――安倍首相の国会答弁は、練られたうえでのことだと思いますか？

内田　あの何を言っているのかわからない答弁は、かなりの程度まで計算されたものだと思います。官邸の官僚たちも、「もっとまじめに正確に答弁したほうがいいですよ」とは進言していないと思います。あれでいい、と。たぶんそう思っている。せせら笑いも、不規則発言も、木で鼻をくくったような答弁でも、「ご飯論法」でも、「信号無視論法」でも、なんでもいいのです。国会での審議がまったく合意形成に役立っていないという事実を可視化できれば、それだけで「大成功」なんです。首相や大臣のでたらめな答弁の一つ一つが国会の国権の最高機関としての威信を傷つけ、国民の国会軽視をもたらす。

――なるほど。安倍首相にとっても、官僚にとっても、都合が良いと……。

内田 もう日本は民主主義国家ではなくなりつつあります。法律の制定者と法律の執行者が同一機関であるような政体のことを「独裁制」と定義するわけですけれども、その定義を適用すれば、日本は民主主義的なプロセスを踏みながら、独裁制に移行しつつある。すでに司法は行政府に従属していますよね。

――もう何もできなくなりますよね。

たとえば日産自動車のカルロス・ゴーン氏の事件。ゴーン逮捕は、ネットでは、「なぜ、一〇年も前の話をこのタイミングで?」「こんなことより、なぜ、モリカケを特捜はやらないの?」という声もありました。しかし、裁判所の記者クラブの記者たちは、特捜部の事件を追いかけるのが仕事ですから、メディアは、ゴーン逮捕の号令が出ると、こぞってゴーン事件に取材の軸足が移りました。

そして、改正入管法の話がバーッと出てきました。二〇一九年四月から五年間で三四万五〇〇〇人の外国人労働者を受け入れていくという、国家の枠組みが変わっていく大きな制度変更にもかかわらず、衆参あわせて国会での審議は実質約三五時間とＴＰＰや安保法案と比べても審議時間が極めて短いまま採決が強行されました。

すでにある、外国人労働者の受け入れ窓口とされる、外国人技能実習制度の問題点さえ、きっちり議論されずに、法案が強行採決されています。受け入れる外国人の労働環境や人権に配慮した取り組みなどの議論はほとんどされなかった。取材していると、自民党の中からも「こんなのは百点満点では全くない」「なぜ、こんなにも採決を急がなきゃいけないんだ」という不満の声も出ていました。

かつてスイスで移民政策が始まったときに、マックス・フリッシュという作家が「我々は労働力を呼んだが、やって来たのは人間だった」という言葉を残していますが、まさにいまの政府がやろうとしているやり方は、経済界の「労働力くれ、労働力くれ」の要望にだけ応えて、その来る人々が「人間なんだ」ということを置き去りにした審議だったように思います。

本当はもっと国会で議論すべき重要なテーマでしたが、ゴーン逮捕はなぜか、このタイミングで検察が起こしました。

内田　このところ政府が「それはメディアに取り上げてほしくない」という案件があると、そこにピンポイントで大きな逮捕事件やスキャンダルの暴露をぶつけてくる傾向が明らかですね。ゴーン逮捕だって、別にいつだってよかったわけじゃないですか。国会の開会中にメディアがとびつくような話題をぶつけることに意図的なものを感じますね。そう思っているのは僕だけじゃないと思いますよ。

――菅氏と非常に仲が良いと言われている、検察幹部が調整していたという噂もあったようです。

安倍マイレージ・システム

官僚の出世欲を利用したマイレージ・システム

――それにしても、「頭がいい」はずの官僚たちが、なぜこうも、官邸に操られてしまうのでしょう。

内田　先ほども申し上げましたけれど、僕はこれを「安倍マイレージ・システム」と呼んでいるのです。いまの官邸は、官僚の信賞必罰が徹底している。首相におもねった役人には必ず報奨が与えられ、首相に逆らった役人には罰が与えられる。この査定がきわめて正確、かつ迅速に行われているのです。そして、この査定システムの異常なほどの単純さが官僚たちには好感されている。一人一人の役人が、内心は政権をどう評価しているのか、ほんとうのところどれくらいの能力があるのか、といったことは問題にならない。首相に対する忠誠心だけで職位が決まる。受験秀才たちにとって、こんな簡単な方程式はありません。

かつてはプロモーション・システムがもう少し複雑でした。職務上の能力だけでなく、人間としての器であるとか、人望であるとか、人心掌握力であるとか、他業種の人たちとの人脈であるとか、そういうことが総合的に評価された。でも、安倍マイレージ・システムはそんなややこしい総合的評価ではなく、首相に対する忠誠心一点ですから、わかりやすい。

官僚たちがこの仕組みにすばやく適応したのは、受験秀才は子どもの頃から「無意味なものさし」で査定されることに慣れているからです。彼らは「こんな基準で人を査定することになんの意味もない」と知っていながら、頭がいいので、その「無意味なものさし」で格付けされる高いスコア技術はすぐに習得する。だから、秀才は「無意味耐性」が強いんです。「無意味だからやらない」じゃなくて、「世の中、どうせ無意味な基準で査定されるんだから、それならできるだけ高いスコアをとった方がいい」というふうに考える。前にも言った通り、「このボタンを押せば出世できる」とわかっているときに「ボタンを押さない」という選択肢は官僚にはないんです。

——しかし、このシステムのためにか、官僚たちは本来、してはいけないことまで、するようになってしまいました。公文書書き換えやデータ改ざん、統計不正など、これは単に忖度ということではすまされません。「官邸のご意向」に沿うためには、何をやっても許されるという破綻したモラルが、いま安倍政権を支える官僚たちの意識に根づいてしまっているようにみえます。

モリカケで露呈した官僚たちのポイント集め

内田　安倍マイレージ・システムでポイントを貯めたいなら、政府の政策の適否についての評価はしない、ということです。首相を支持すると必ず良いことがあり、反対すると必ず悪いことがある。そして、誰でもが「それは良い政策だ」と思えるような政策を支持するよりも、「それはいくらなんでも……」と官僚たちでさえ絶句するほど不出来な政策を支持するほど与えられるポイントは高くなる。だから、高いポイントをゲットしようとすれば、官僚たちは「できるだけ不出来な政策を、できるだけ無理筋の手段で」実現することを競うようになる。森友・加計問題で露呈したのは、まさにそのような官僚たちの「ポイント集め」の実相だったんじゃないですか。

安倍政権はこの六年間でほんとうに見事な仕組みを作り上げたと思います。自分でやっているのはただ査定することだけなんです。そうすると、官僚たちが高いスコアを求めて、自主的に官邸が喜びそうなことをやってくれる。別に特高や憲兵隊が来て、反対派を拉致して、拷問して……というような劇的なことが起きているわけじゃないんです。でも、官邸の覚えがめでたい人たちは、政治家でも、官僚でも、ジャーナリストでも、学者でも、必ず「いい思い」ができる。これはほんとうに正確な人事考課が行われています。

――一方、反安倍派に対しては？

内田　「官邸のブラックリストに載っているような人間」については、公的な仕事のオファーはもうほとんどないんじゃないですか。

安倍官邸のメディアにも浸透する統制力

――メディアにも浸透しています。

安倍政権に批判的な有識者たちが載った「テレビに出すなリスト」なるものがあるそうです。そのリストのナンバー1に入っているのが、防衛庁（当時）で人事教育局長や官房長などを歴任した柳澤協二さんだと聞きました。彼は今の安倍政権が進める安全保障政策を真っ向から批判しています。防衛庁（当時）にいた幹部の批判が一番政権にとっては痛いのでしょう。テレビなどで柳澤さんを使うなという指示が出ていると聞きます。

官邸の杉田和博内閣人事局長率いる人事局は、内閣情報調査室などが収集する情報を基に、政府が登用する委員の論文や雑誌への寄稿などのチェックをかなり詳細に行っていると聞きます。たとえば前川さんが文科省のある審議会の委員のリストを内閣府の承認を得るために持参すると、「この学者は、政権に不穏当なことを、雑誌で言っている」と言われ、変えさせられたということがあったようです。歴代の政権でも思想信条のチェックのようなものは行われていたそうですが、安倍政権になってそれが徹底されるようになったと聞きます。結果として、政府が登用する委員は、政権にとって都合のいい発言をしてくれる識者が増えました。

今回の統計不正での特別監察委員会の樋口美雄委員長は、二〇〇一年以降、厚労省の三五の審議会・研究委員を歴任していました。このような立場の方をトップとする委員会の調査が政府に対して厳しいものになるわけがありません。統計不正の核心部分とされる、官邸の関与については調査さえされずに終わっています。

内田　審議会のメンバーとか、政府委員の選定を経由して、学者はコントロールされてますね。

――学者を締め付けるならばここだ、というような感じでしょうか。

内田　政権に対する賛否の態度がこれほどダイレクトに出世にかかわってくることは、かつてなかった。

――こういうことに力を注ぐこと自体が民主主義的なプロセスや議論に完全に逆行していると思います。権力維持のためには、こんなことをやってもいいんだという開き直りにも見えます。官邸が一年半以上前から始めている、私に対する質問妨害や抗議と同じく、政府にとって都合の悪い事実を突きつけてくる人間は、それが有識者であれ、記者であれ、締め出してしまえという、非常に警察国家的、密告主義的な発想で国家の統治を進めようとしているように感じます。官僚にとってもメディアにとっても憂うべき状況だと思います。

内田 そこまで細かいところにまで目を配っているというのが安倍独裁の独自性なんだと思います。NHKでも政府批判的な論調の番組を作ったディレクターはすぐに左遷されている。でも、メディアで官邸からの締め付けが効くのは、在京のテレビ局と大手新聞だけなんです。地方紙や地方局にまでは手が回らない。さすがに、それだけの人的リソースは官邸にはない。

前に選挙のときに官邸から「報道は政治的な中立性を保て」というお達しがありましたね。でも、この通達が回ったのは、東京だけだったんです。僕は大阪のMBS(毎日放送)ラジオで、不定期の番組をやっているんですけれど、その時にいっしょにやっている西靖アナウンサーが、「この通達はひどいと思うけれど、もっとひどいのは関西のメディアにはこの通達が来てないということなんです」と言ってました。地方局には世論形成への影響力はないと高をくくっているんでしょう。

でも、おかげで、それだけ地方のメディアは自由だともいえる。僕は「辺境ラジオ」という番組でニュースを語るということを五~六年やってるんですけれど、深夜の放送休止枠に、スポンサーなしでやっている番組なので、いくら声高に政権批判しても、どこからも何も言ってこないです。気に食わない番組はスポンサーに抗議電話を入れて、「あれは御社の公式見解だと解釈してよろしいのか」というような脅しを入れる人がいるようですけれど、スポンサーがないと、話の持って行く先がない。

――まるで、奈良時代に近畿圏だけを抑えることに注力した蘇我氏の権勢みたいですね。

安倍政権の場合は、東京圏だけを抑えて日本をコントロールしていると思っている。

教育改革のベクトル
～大学の自治とスクリーニング～

日本の大学の自由と自治が奪われていく

――それにしても安倍マイレージは上手い比喩ですね。考えてみれば、公務員法改正で官僚幹部の人事を官邸が握ったのは、霞が関における安倍マイレージの始まりですね。マイレージがいっぱい貯まったのは経産省でしょうか。内閣府なんかいまや、経産省の植民地になっているように見えます。そのトップが今井尚哉筆頭首相秘書官です。財務省は蚊帳の外だそうですが、安倍政権になり、財務省の力が弱まっているとも聞きます。安倍マイレージで、A＝安倍＝ポイントが貯まらないと（笑）。

文科省も、このシステムのなかで、苦しんでもいることでしょう。事務次官に就任した藤原誠氏は、前川さんが告発会見をする数日前に、前川さんに「和泉洋人首相補佐官が会いたいと言ったら会う気はありますか」とショートメールを送ってきた人物で、官邸の覚えめでたい人と専らの評判ですが、就任会見では、「議論のプロセスは外に出さない。面従腹背はやめましょう」などと、官邸へのアピールと共に加計疑惑を蒸し返すなとの圧力発言を公然と行っていました。安倍政権はまた、二〇〇六年の教育基本法の改正はじめ、教育現場への介入をかつてないほど強めています。

高橋源一郎さんが講演で、政府が国立大学学長の任命権を持つようになることについて、警鐘を鳴らしていました。二〇一五年、安倍政権は学校教育法と国立大学法人法を改正しました。これによって、学長や執行部が、組織や予算、学部長などの選出、そして教育内容も、自由に変更することができるようになりました。

内田　いまはもう、国公立も私立も、学則改正がなされて、教授会は決定機関ではなくなりました。人事についても、予算配分についても、入試や卒業の判定についてさえ、決定権を持つのは執行部であって、教授会は諮問機関に過ぎない。重要案件について諮問はされるけれど、教授会決議には強制力はない。無視していいんです。二〇一五年以降に、ほぼ全国の大学で一斉に学則改定が行われて、教授会民主主義が終わった。ほんとうにあっという間のことでした。

もちろん、どこの大学でも、「これまで通り教授会決議は尊重します。運用上教授会民主主義は残します」と執行部は約束していますけれど、学則に教授会には決定権がないと明記してある以上、いずれ執行部が「慣例を廃して、学則通りにやります」と言い出したら、誰も反対できません。

こうやって、安倍政権下では、日本の教育機関から自由も自治も失われつつある。いつの間にか、どこの大学も、イエスマンシップで覆い尽くされている。そんな大学から学問的なイノベーションが起きるわけがありません。横紙破りの「マッド・サイエンティスト」たちを一定数含むことで、アカデミアはその創発性を維持してきたわけですけれども、もうそういう規格外の学者たちは今の大学には居場所がなくなりつつある。それが大学の研究力の劣化として現れているわけです。

——均一化すれば、統治者は楽です。経済だって、アベノミクスはいわば統制経済ですよ。アベノミクスで安倍首相は、第二次政権スタート時に日銀と協定文書を交わしました。日銀の独立性が失われた瞬間です。そして、円安誘導という為替操作が始まった。

やり方は無茶苦茶なのでいずれ破綻すると思いますが、世界三大投資家の一人であるジム・ロジャーズ氏は七、八年保有していた日本株を最近売却したそうです。その理由についてTBSのBS番組「報道1930」の取材に「(アベノミクス)は酷い政策ですから。日本銀行は紙幣を乱発し、大量の株や国債を購入している。世界の借金大国だが、人口は減少し、増税。それが日本の政策、悪い政策だ。安倍首相がやっていることは、長期的に見て日本人にとって良くない」と酷評していました。

個性を奪い、想像力を消失させる社会へ

——しかし、次世代の若い人たちの教育現場で、じわじわと広がっていることには、不安を抱かざるを得ませんね、内田先生が教えていらした神戸女学院も同様ですか？

内田　神戸女学院はミッションスクールなので、建学の精神と文科省の政策が齟齬するときには、建学の精神を優先させる傾向が強いから、いまのところはまだ大丈夫だと思います。それに、同窓会の重石が利いているというのもあります。同窓生たちは、自分たちが卒業した学校が社会の変化にともなってどんどん変わってゆくことを嫌います。それは自分たちの受けた教育が「時代遅れだ」と宣告されるに等しいからです。だから、なんとか伝統を守ろうとする。キャンパスも授業内容も、できることなら自分たちの在学当時のままであってほしいと内心では願っています。それが強い現状維持ファクターとなっているので、「社会のニーズに合わせてどんどん変わる」ということが起こらないで済んでいる。

でも、若い教員たちを見ていると、トップダウンで指示に従うことに子どもの頃から慣らされてきている人たちが増えつつあるように見えますね。上が決めたことは、それが無意味なタスクだとわかっていても、手際よくこなす。そういう能力の高い人が明らかに増えてきている。

――安倍政権になってから、社会全体が個性とか独創性とか、要は想像力を喪失してしまう方向に向かっているように見えます。他方、生活は良くならないから、食べるために働き続ける。政府は女性の雇用率が上がったとしきりに強調しますが、一方で、中間層が低所得層に転落しているという状況が生じています。生活保護制度が定める生活保護基準である「最低生活費」の全国平均三二七万円に満たない所得の人は、二〇一二年に二三％で約二九〇〇万人、二〇一五年には二四・三％で三〇〇〇万人を超えています。日本人の二〇一五年の平均年収は約四二〇万円ですが、貧困は拡大しています。

内田　社会システムは個人の発意では動かないという無力感をいまの若い人たちは子どもの頃から植えつけられていると思います。校則を「意味がない」と思っても、「意味がなくても決まったことだからやりなさい」と教え込まれる。意味がないシステムでも、頭の良い子たちは、それがどういうメカニズムで作動しているかはわかる。だから、そのシステムに適応して、そこで高いスコアを取ることができる。そういう生き方を子どもの頃から強いられている。「無意味耐性」の高い子どもほど学校教育で高い評価を得ることができる。「意味のないこと」に拒否反応を示してしまう子どもは学校からはじき出される。無意味耐性の高い子どもたちが優等生になり、無意味なルールや無意味な「ものさし」に耐えきれない子たちは不登校になったり、発達障害と呼ばれたりする。僕なんか、いまの日本の小学校に入ったら、すぐに不登校になると思います。

「道徳」の教科化と教育改革のベクトル

内田　望月さんはお子さんがいらっしゃるけれど、教育の場でそういうことを感じますか。

――二〇一八年から「道徳」が、「教科外の活動」から「特別の教科」として、スタートしました。子どもは低学年ですが、使っている「どうとく」の教科書のなかに、「かぼちゃのつる」というタイトルのお話が入っていました。道路や畑にまでつるを伸ばすかぼちゃが、最後はトラックに引かれて、かぼちゃのつるが切れてしまい、かぼちゃが「えーん、えーん痛いよう」と泣くという結末です。

　世界がこれだけ多様化して、様々な個性を認めて、個々の個性を伸ばそうという流れに

© Yoshiro Sasaki 2019

舵を取るなかで、「わがままを許さない」として公共の〝秩序〟を重視し、一つの価値観、価値基準に、子どもたちをはめ込もう、押しつけようとしているようにも読めます。これは知り合いのママ友から、批判が出ているとの声を聞きましたが、確かに私自身、この教材内容には、これから日本や世界がめざしていくべき、多様性を認め合う社会とは、違うベクトルで子どもを教育しようとしているように見え、違和感を感じます。

道徳の成績は、内申書には記載しないともいわれているようですが、感受性の強い子どもによっては、道徳をどう教師に評価されるかばかりを気にしてしまい、本来、自分自身に内在する個性や可能性を伸ばす芽を摘んでしまう可能性もあると思います。

中学生の教科書では、生徒が「愛国心」などの項目を、数値や記号を使って自己評価する欄を掲載した教科書も出てきました。愛国心を外から与えられた枠組みでどう自己評価せよというのでしょうか。まるで戦前の教育に戻ったかのようです。ある教科書には、お母さんとお父さんが仕事で忙しいときに、子どもが風邪を引き、お母さんかお父さんのどちらかが迎えに行かなければならなくなった話が載っていました。最後はお母さんが結局、仕事を切り上げて迎えに行くという結末でした。母親が仕事を諦めて迎えにいくものだという〝ロールモデル〟を印象づけているようにも思えます。ほかにも、教科書のパンは西洋ものだから和菓子に変更されたとか、こんなところまでというものが多い。私の知るママ友たちの間でも、議論が交わされています。

教育とは、一つの国家の価値基準を当てはめ、子どもに押しつけるものではなく、個々の多様性を尊重し、子どもたち一人ひとりの個性を伸ばすためにあるものではないでしょうか。それが社会の多様性を受け入れ、育てるということだと思うんです。政治はこの教育の延長上にあり、やはり共存共栄が大原則だと思います。この点を見ても、自民党の二〇一二年の憲法改憲草案を読んでも、個人を重視するというよりも、秩序や公共の利益をまず優先しようという意図が先にあるように読めました。

内田　道徳の教科化はナンセンスだと思います。教師だって意味がないと思っているし、子どもたちも意味がないと感じている。でも、そのナンセンスなことを教師も子どももまじめな顔をしてやり抜かなければならない。これは知性にとっては耐えがたいことなんです。どうしていいか判断がつかないということが世のなかには多々あるわけです。それが判断できるようになる力は自分で、経験を通じて、身につけるしかない。学校で教科書読んで覚えることじゃないです。

教育の現場では中立であれ！　という政治的圧力

——文科省の方針は、教育の現場を左右します。

日本の文科省は、教育現場で教師には中立を求めています。現実的な政治問題を取り上げなさいとしながらも、高校生の政治活動への参加は制限しようとしています。先生たちに中立性を求めるのと同様に、そもそも、日本の場合は、子どもたちには政治的な議論をさせようとはしません。しかし、ドイツでは全く違います。社会の様々な立場の人たちが集まって、ドイツは一九七六年に、ボイテルスバッハ・コンセンサスというものを作っています。

これによって、①圧倒の禁止の原則、②論争性の原則、③生徒志向の原則、という基本三原則を作り、先生らが提示する様々な資料や議論を基に、生徒自らが主体的に政治の議論を行えるように促しています。ワイマール憲法がありながら、民主主義的な手続きのもとで、ナチスの台頭、ユダヤ人迫害を招いたドイツでは、このことへの強烈なアンチテーゼとして、教育のなかで個々人が政治を学び、議論し、批判的な思考力や論理力をつけられるようにしているのです。

日本だと、こんなことが議論されるどころか、先生に「政治的中立性を保て」などと言っているのですから、「私は自民党を支持する、なぜならば……」と、議論の入り口に立つこともできないわけです。

だから、おしどりマコさん(芸人・ジャーナリスト)がドイツに招かれて、学校見学に行ったときに、一五歳前後の高校生たちが授業で「私は緑の党を支持します。なぜならば、こういう政策があって、これを支持している。こっちの党はこうでダメだ」とか、学生がみな支持政党やその理由などを言っていたのを見て、ビックリしたそうです。
マコさんが「なぜ、そんなに若いのにきちんと話せるんですか」と聞くと、その生徒さんたちは、「それでは日本では、いつからそういうことを生徒は考えるのですか」と逆に質問されたそうです。「日本は、一八歳から選挙権が与えられることになったので、一八歳以上になってからかな」と答えたら、「え、それでは遅すぎますよね。選挙権を持ってから考えていたら遅いですよ。選挙権を持つ前から考えなくてどうするんですか」と逆に言われたそうです（苦笑）。

内田　その通りだと思います。政治的な議論というのは、宗教的な議論と同じで、どちらかが正しくて、どちらかが間違っているという前提で始めると最終的には罵り合い、憎しみ合いで終わるしかない。実際には、どちらも少しずつ正しくて、少しずつ間違っているんです。ことは原理的な正否ではなく、程度の問題なんだということは、子どもの頃から、政治的な議論を繰り返して、傷つけ合うことを経験しないと身に染みない。傷つけ合う以外のやり方はないのかという思いは、一度は傷つけ合うことを通じないと出てこないんです。

スクリーニング機関となった学校教育の現場

内田　一昨年、大学ランキングの本の担当者から、大学のキャリア教育について原稿を依頼されたのです。「知らないから」と断ったら、就活が終わったばかりの女子学生を連れてきてくれて、話を聞くことになった。ドアをノックするときは何回とか、お辞儀は何度とか、どういう服を着てゆくかについてのガイドラインがあるという話は知ってましたけれど、聴いて驚いたのは、面接のときにどういうメイクをしていくかについてまでレクチャーがあったという話でした。出版系のときはちょっと眉を吊り気味にして、メーカーのときは眉を平らにするというようなことを講師が話している。それを学生たちがまじめにメモを取っていたそうです。その学生さんは、あまりのバカバカしさに立ち上がって、キャリア教育の授業を受けるのをやめたそうですけれど。

――私たちの時代には考えられなかったことが、行われているんですね。それにしても、そんな話のメモをとる人が多いとは……。

内田　僕はこれは「スクリーニング」なんだな、と思いました。こういう話を聴いて、「就活なんかバカらしい」と思ってしまう学生を「欠品」としてはじき出すためにやっている。「無意味耐性」の強さをテストしているんです。無意味なルールなのだけれど、みんなが守っているのなら、やることができるという学生だけを残して、無意味なことに耐えられないという学生を弾き出している。そうやって学生たちを選別しているのです。

いまの学校教育現場の多くは、スクリーニング機関と化している。イエスマンになれない子たちは「社会的に不適応」と宣告されて排除される。いま、オルタナティブ・スクールがあちこちにできていますが、そこに行く子たちの方がむしろ知的には健全なのかもしれない。学校教育の標準が壊れ始めているということです。

――安倍首相が行う政治は、一〇年先や二〇年先が見通せない政治ではないかと感じます。安倍政権の教育改革、自民党の党是である思想信条が、このまま推し進められれば、日本という国がいま持つ多様性が失われ、亡国の憂き目を見ることになるのではと危惧します。

内田　日本の衰退はとっくに始まっています。統制経済で繁栄した国などあるわけがない。

――統制経済の下では、多様性や個人個人のクリエイティビティが育ちにくいようにも思います。

内田　統治者にとってイエスマンは実に管理しやすい。しかも、忖度までしてくれる。労働力としても消費者としても、「こうやって働きなさい、この賃金です」「これを買いなさい」でいい。生産行動を定型化すれば賃金は安くなる。だって「いくらでも替えはいる」ですから。消費行動も定型化した方がいい。ニーズが同一商品に集中すれば製造コストは下がり、価格は高くなる。だから、短期的な利益に注目したら、社会を同質的なイエスマンで埋め尽くした方がよいのです。でも、そんな国は遠からず滅びます。イノベーションが起きないし、上がどんな失敗をしても誰もそれを指摘せず、復元のために動かないんですから。

改憲問題と美しい日本

いまの日本をリセットして「真っ白な国」にする

——安倍首相が著書でも謳った「美しい日本」とは、結局、どんな国なのでしょうか。日本会議やネトウヨの自民党離れをつなぎとめる方便に過ぎないのでしょうか。

内田　安倍首相はいまの日本が嫌いなんだと思います。戦後七三年間の日本の仕組みが好きじゃない。だから、「戦後レジームからの脱却」なんです。彼が何をもって「戦後レジーム」と呼んでいるのか、僕にはよくわかりませんけれど……。たぶん、日本国憲法や民主主義だけでなく、個人の自由の尊重や人権擁護や若者の運動とか、そういうのは全部嫌いなんじゃないですか。そういうものを全部一回リセットして、祓い浄めて、「真っ白な国」にするという、神道的なイメージなのではないでしょうか。

——なるほど。「美しい日本」というのは、政治的な、しかも極めて抽象論で終始するキャッチコピーというわけですね。

あの本を読むと、おじいちゃん・岸信介さんの仇を取りたいみたいなところを感じます。彼のなかでは、おじいちゃんは良いことをしたのに、悪者にされている、と思っているのかもしれません。母親の洋子さんが、月刊誌のインタビュー（『文藝春秋』二〇一六年六月号「晋三は『宿命の子』です」）に答えて、晋三は、祖父の岸信介のできなかったことを叶えようとして頑張っていると、言っていました。

内田 岸信介が否定されているというのは、安倍首相の妄想ですよ。現実に、岸はA級戦犯被疑者から総理大臣になって、弟の佐藤栄作も総理大臣になって、女婿は外務大臣、孫は総理大臣をやっているわけです。これだけ長いこと日本の権力中枢に居座ってきた長州閥の一族が、自分たちは評価が低いとか、みんなから嫌われているというのは、ほとんど被害妄想ですよ。

アメリカの希望が託された憲法

――二〇一一年の九月、自民党が野党時代にBS番組で憲法の改正について述べています。首相は、憲法九条について、「その存在を軍隊として認めて、最高指揮官は総理大臣である。目的は、日本を守り、かつ平和と安泰のために貢献するということを書き込んでいくことが大切だ」と話していました。

内田　憲法の最大の問題は、憲法の起草と制定の過程が解明されていないということだと思います。いろいろな証言があって、相互に矛盾している。わかっているのは、非常に短時間のあいだに、ＧＨＱの民政局の法律家たちを中心にして策定されたということだけです。憲法に彼らが込めた思いは、今後アメリカにとって軍事的脅威とならない国にするということが最優先でしたけれど、同時に「これから世界の国がこういう憲法を持ってくれたらいい」というアメリカの希望を託した憲法でもあった。

――そこで、内田先生の義理のお父さんだった、平野三郎さんの話が出てきますね。

内田　九条二項は、当時の首相・幣原喜重郎さんが提案したという話は岳父から何度か聞きました。岳父は駆け出しの国会議員だった頃に幣原さんのかばん持ちをしていた時期があって、そのご縁で、晩年の幣原さんが「これだけは言っておきたい」という話を病床で直接聞いたそうです。岳父はそのあと、国会の憲法調査会で、そのことを証言しています。そのときの発言は「平野文書」と呼ばれて、憲法制定についての歴史的史料の一つになっています。

憲法制定についての歴史的事実

――聞かされたときのお気持ちをお聞かせください。

内田　岳父はなかなか腹の読めない人でしたけれども、こういうことで嘘をつくような人ではなかったと思います。話を聞いたのは、僕が二六、七歳のときです。こちらももう分別はついていますから、聴きながら、これはほんとうの話なんだろうなと思っていました。

――改憲派は、この事実を無視しているのでしょうね。知らないということはない。そもそも、GHQに押しつけられた憲法とはいっても、国会で承認されました。そのような改憲派にとって不都合な手続きは覆い隠して、押しつけの改憲論を言い続けているように見えます。どちらが本当かわからないことも含めて、材料はすべて情報開示するという政治的な謙虚さが必要なのではないでしょうか。

内田　憲法制定過程についての歴史的事実を確定することに改憲派はきわめて不熱心です。それは憲法の文言の調整をめぐる日米のやりとりについて、あるいは政府部内や国会での議論の詳細について歴史的事実が明らかになると、「押しつけ憲法」という彼らのシンプルな主張がうまく成立しなくなることを恐れているからだと思います。

――私は護憲派で、改憲派とは相容れませんが、だからと言って、論議を排除はしません。自民党総裁選で、憲法九条の三項加憲は邪道だと言っていた石破茂議員が自民党員の地方票の四五%から支持を得たこと、そしてその後の沖縄県知事選で、あれほど自民・公明が組織戦を展開したのに、基地反対を掲げた玉城デニー氏が圧勝したことなどが重なり、自民党の下村博文議員は昨年末に、憲法改正発議の断念を発表しました。恐らく、私は安倍首相の熱狂的なファンが希望する憲法改正についても、結局、安倍政権は、やるやると言って終わるのではないかと思っています。

議論されない憲法制定の過程

内田 憲法制定過程は、タイムマシンがない以上、その真相を客観的に明らかにするということはできません。僕らにできるのは、いくつもの断片的な証言から、「いったいほんとうのところは何があったのか、蓋然性の高い推理をしてみよう」ということに尽きると思います。

——憲法改正を考えるのであれば、日本国憲法が制定されるプロセスについて、客観的資料を手掛かりに、考えをまとめ、論じる。結果として時間はかかるでしょうが、国の形を決めるこれほど大切なことに時間のリミットを設ける必要などありません。

内田 憲法制定過程を明らかにすることについては、護憲派も決して熱心ではないのです。僕自身はもちろん護憲派なんですけれど、護憲派の集会に呼ばれて、憲法制定過程について話をすると、あまりいい顔をされていません。護憲派は、憲法前文の「ここに主権が国民に存することを宣言し、この憲法を確定する」とあることに依拠して、護憲運動を展開しているわけですけれど、申し訳ないけれど、一九四六年一一月三日時点には、憲法を起草したり、確定できるような政治的実力を持った「日本国民」なんて存在していないんです。前の日までみんな大日本帝国臣民だったわけで、一般国民は憲法の制定過程についてまったくの蚊帳の外に置かれていたわけですから。

だから、「憲法に国民主権と書いてあるから、国民主権なんだ」と言っても、それは無理なんです。「国民主権」というのは歴史的事実としてそこに存在するものではなくて、これから存在せしめるものだと僕は思います。一二条の「自由及び権利の保持義務と公共福祉性」のところに「この憲法が国民に保障する自由及び権利は、国民の不断の努力によって、これを保持しなければならない」とありますけれど、僕はこれは前文を含めて憲法の全条項にかかわる決意表明だと思います。憲法前文の遂行的な意味は「このような憲法をみずから制定しうるような国民主体を不断の努力をもって形成せよ」ということだと僕は解釈してます。

いまこそ政治を冷静に哲学すべきときだ

――そういったことをすべて引っくるめて、いまどう思うかを議論することも大事ですね。政治は、冷静に哲学しなければならないときが来ているのだと思います。

内田　憲法制定過程の歴史的事実が実はこれこれであったということについて、全国民が納得するような合意形成をすることは不可能だと思います。でも、とりあえず、いまの段階で歴史的事実として知られていることだけはきちんと並べておいて、誰でもアクセスできるようにしておくことはできると思います。それらの史料を配列すると、いくつかの読み筋がある。その中で最も蓋然性の高い、他の歴史的事実と整合する読み筋を「まあ、これがだいたい本当にあったことだろう」というかたちで承認する。そこまでできれば上等だと思います。真実は誰も知らないのだから何を言ってもいいのだ、ということにはなりません。真実かどうかはわからないけれど「最も真実らしい推理」に対してはそれなりの敬意を示すべきだと思います。

実際に史料的根拠を精密に渉猟した結果、「GHQが、嫌がる日本人に押しつけたものだった」という推理が「最も真実らしい」ということになったら、僕はそれを受け入れます。それでも、結果的に七三年間戦争をしないで来て、日本人が戦争で他国の領土に侵入したり、他国の人を殺すことが起きなかったという事実に変わりはない。それだけでもたいした歴史的達成だという評価はあり得ると思います。

それを踏まえて、「なぜこれほどみごとに機能している憲法を改めなければいけないのか」という議論が始まるわけです。とりあえず、そのような議論の前提になる、知れる限りの歴史的な事実の公開、複数の「読み筋」の蓋然性の比較考量ということについては、もっと努力が必要だと思います。

日本の安全保障は破綻しているのか？

――内田先生は、憲法九条については、どうお考えですか？

内田　僕は徹底的にプラグマティックにものを考えるたちなので、七三年間、海外における戦争に巻き込まれずに来たのは、平和憲法の歴史的功績であって、それは正しく評価すべきだと思っています。自衛隊員は海外で一人も人を殺していない、国土は外国の軍隊の侵略も受けていない。その厳然たる事実があるわけです。これを「安全保障の成功」と言わずして何というべきか。

にもかかわらず、改憲派は九条のせいで日本の安全保障は破綻していると主張している。だったら、九条があるせいで、いったいこれまでどのような安全保障上の損害をこうむってきたのか、九条を廃した場合には、それをどのように回避できるのかを説得力のある根拠によって示してもらいたい。でも、安倍政権は、そういうエビデンスを一切示さないで、ただ感情的な言葉を羅列しているだけです。

二〇一五年の安保法制の提案理由として安倍首相は「抑止力の向上」をあげました。その時の根拠とされた安全保障上の環境変化は「国籍不明航空機に対する自衛隊機の緊急発進（スクランブル）の回数」でした。一〇年前と比べて、発進回数は七倍に増えていた。

それを挙げて、安倍首相は「厳しい現実から目を背けることはできない」として、安保法制を整備して、日米が軍事的に共同行動することを世界にアピールすれば、「抑止力はさらに高まる」と揚言しました。でも、その法制度を整備した結果、果たして日本の抑止力は高まったのかどうか。それについての検証を政府は何もしていない。

もし首相の言うように、スクランブル回数の多寡が抑止力効果の指標であるのなら、安保法制の整備後にはスクランブル回数は減少したはずです。そのために作った法制度なんですから。でも、実際には、法案成立後の二〇一六年のスクランブル回数は一一六八回で米ソ冷戦期を超えて、戦後最高を記録しました。北朝鮮のミサイル発射数も中国艦船の領海侵入も安保法制成立後に増加した。

スクランブル発進回数や外国船の領海侵入回数が「抑止力が効いていないこと」の指標だと首相は言い続けてきたわけですから、この結果を見れば、安保法制は抑止力の向上にまったく役立たなかったことが明らかになった。民主党政権時代のスクランブル回数は年間平均三七〇回前後ですから、安倍政権になってから安全保障上のリスクは急増していることになる。つまり、安倍政権そのものが日本の安全保障にとってのリスクファクターだというのが彼が直面すべき「厳しい現実」だという解釈も可能なわけです。でも、そういう仮説についての反証は全くなされていない。すべては「安全保障環境の変化」という他人事に押しつけられていて、自分たちの安全保障政策の適否については、検証する気がない。

　僕は日本の安全保障環境の悪化の原因の少なくとも一部は安倍政権の外交政策の失敗によるものと思っています。でも、自分の政策の失敗の責任を九条に押しつけて、首相は改憲を言い立てている。改憲を言い出す前に、六年間の安倍政権の間に、彼の安全保障政策の「成功」によって、安全保障環境がどれだけ「好転」したのか、それを示すのが先なんじゃないですか。

――いつも議論が十分にされない、という印象を国民は持っているのではないでしょうか。安全保障というのは、敵に備える制度である一方で、一番やらなければいけないのは、敵を作らないという政治力ではないでしょうか。日本のまわりはどうです、韓国、北朝鮮、中国、ロシア、そして台湾。不

© Yoshiro Sasaki 2019

安を煽りたてられるニュースばかりが聞こえてきます。

内田　抑止力の多寡について、抑止力が高まったら「政権の手柄」、抑止力が低まったら地政学的環境の変化のせいで政権には責任がないという言い訳をずっとやってきているわけです。安倍政権には政策の適否を外形的数値的に検証するという姿勢がない。安全保障に関して彼らが言い立てているのは俗情を煽る言葉だけで、何の実証的な裏付けもない。

――論理的な議論ができないことは、ある種、武器になってきていますね。

内田　これほどエビデンスを示さない、政策の適切性について論拠を示さない政権は、かつて存在しませんでした。

憲法九条と自衛隊の位置づけ

――憲法九条における自衛隊の位置づけについて、安倍首相は二〇一七年に、新憲法改正提案を打ち出しています。九条一項二項はそのままに、憲法に自衛隊の存在を「書き込む」というもの。その後、安倍首相は、次項で書き込んでも、二項の「陸海空軍その他の戦力は、これを保持しない。国の交戦権は、これを認めない」という制限がそのまま残るとして、「自衛隊の任務や権限に変更が生じることはない」としました。これに同じ自民党の石破茂さんが「何も変わらないという憲法改正をして、どうするのか」と発言。「書き込む」

ことの是非をめぐる論議が繰り広げられるなか、安倍政権のねらいは依然として、わかりづらいままです。

たとえば立憲民主党の山尾志桜里さんの論は、「書き込め」というもの。法学者の長谷部恭男氏は、著書『憲法の良識』（朝日新書）のなかでも、「書き込むことによって、かえって危険になる。解釈憲法で七〇年間平和でこられたのに、書き込むことで逆利用される」と言われています。

内田　公的制度は憲法に書き込んでおかないと機能しないという前提がおかしいと思います。憲法に名前が書き込まれている公的機関は、国会と内閣と裁判所と地方公共団体と会計監査院だけです。警察も、消防も、中央省庁のどれ一つとして憲法上に規定なんかない。でも、財務省や厚労省、文科省がうまく機能していないのは憲法に規定がないせいだなんていう人いない。憲法に書き込まれていようといまいと、公的機関はどういう働きをすべきか法律で規定されています。それに従えばいい。

憲法に規定がないと、「すべての自衛隊員が誇りをもって任務を全うできない」というのであれば、同じ理屈で、財務省の役人も、警察官も、消防官も、「誇りをもって任務を全うできていない」はずじゃないですか。憲法に規定されていないから「自衛隊がかわいそうだ」というのなら、他の公務員はどうなるんです。かわいそうじゃないんですか。

自衛隊は自衛隊法があって法的地位が規定されている。憲法上の解釈では、「九条二項は個別的自衛権の行使を否定するものではない」というのが政府の公式見解であって、国民の圧倒的多数もその解釈を受け入れている。それでも足りないというのは、よほど自衛隊というのが不遇な組織で、国民から忌み嫌われていると安倍首相が思い込んでいるからでしょう。その方がよほど自衛隊員に対して失礼な態度だと僕は思いますけれど。

「もはや憲法は変えなくてもいい」

——安倍首相は九条の加憲について、「変えたところで何も変わりませんから」と答弁していましたが、そもそも何も変わらないなら何故変えるのでしょうか。憲法学者の木村草太氏は、もし、九条を変えるのであれば、憲法九条の一部だけを変えれば良いという話にはならないとも指摘しています。

内田　安保法制で戦争ができる仕組みを作ったわけですから、もう「実は取った」のです。だから、「変えたところで何も変わらない」というのはほんとうなんで

改憲を説明するために自民党が用意したパンフレット。
ほかにも「日本国憲法改正の考え方〜『条文イメージ（たたき台素案）』Q＆A〜」という資料もある。

す。それでも改憲にこだわるのは、要するに「戦後はじめて改憲した総理大臣」という肩書が欲しいからだと思います。前に発表された自民党改憲案でごり押しするというのなら、まだ話はわかりますが、どの条項をどう変えるか、なぜ変えないといけないのかについての説明がない。わかるのは、「とにかく改憲をしたい」ということだけです。

――改憲を果たした首相として歴史に名を残したい。

内田　「レジェンドになりたい」という個人的事情が第一なんでしょう。

――田原総一朗氏が『週刊朝日』(二〇一九年一月二五日号)で安倍首相と話したことについて、こう証言しています。集団的自衛権の解釈変更について「これ、本気なの」と聞いたそうです。すると安倍首相は、「もう、これでいいんです」と言ったそうです。「集団的自衛権の解釈改憲でアメリカは納得したのだから、もはや憲法は変えなくてもいいんだ」、そう吐露したといいます。

もしこれが首相の本音なら、改憲の意気込みだけは今も語っていますが、果たしてどこまで本気なのか。コアな保守層、熱烈な改憲支持層を引き離さないために、改憲するぞ、するぞと意気込みだけを示しているようにも見えます。

内田　それもありますね。米軍との共同行動についてはもう改憲の必要がなくなっているのに改憲を言い続けているのは、日本会議とか、彼のコアな支持層に対するリップサービスもあるんでしょう。

時間意識の縮減と「嘘」

政治家と「嘘」の種類

――政治家の「嘘」について、お聞きしたいと思います。「私は立法府の長」「あそこのサンゴは全て移した」などの発言含め、安倍首相にはもともと、〝嘘〟をついているという自覚がないのではないかとも思えます。内田先生には、どう見えますか。

内田　病的な虚言癖の人の場合、自分が口走った嘘に整合するように記憶も改ざんされてしまうんです。だから、「嘘をついたでしょう」というと本気で怒り出す。

――私は、政治家はそもそも、ときとして嘘をつくものだと思っています。いまの安倍政権は、年がら年中、〝嘘〟をついているようにも見えますが（苦笑）。

三木武吉はかつて、こう言っていたんです。「政治とは、誠意をもって（国民を）騙す」と。政治の要諦はある意味、この通りなのではないですか。しかし、三木武吉の発言だと国民におもねるばかりでは国を運営することはできないと奥行きを感じるのですが。

嘘にも種類がありますからね。

内田　「嘘をつく」と「本当のことを言い落とす」というのは違います。知っていることの全部を言わないというのは「嘘」ではありません。ないことを「ある」と言ったり、あったことを「ない」と言うのが「嘘」です。政治家に許されているのは、本当のことのうちの一部分だけを話して、一部分を言い落とすというところまでです。「ノーコメント」というのは「あり」なんです。それについていろいろ知っているし、考えていることもあるが、いまは言えない、そのうち言うかもしれないという事情を明らかにしているわけですから。でも、今の政治家たちはもう嘘つき放題になりましたね。「食言」という言葉自体を最近は新聞紙面で見ることがなくなりました。前に言ったこととまったく逆のことを言い出しても、前の発言を記憶していないと、そこに齟齬があることがわからない。「食言」を検知できなくなったのは、メディア自体が短期記憶になってしまったからでしょうね。

公文書管理と安倍政権の評価

内田　公文書の管理は重要です。安倍政権の政治的評価が下るのは、五年や一〇年先ではなく、三〇年、四〇年と経ったときです。過去に何があったのかを知るために、公文書がその根拠になる。

先に話した平野力三は片山哲内閣のときにＧＨＱの公職追放を受けて、政治生命を事実上絶たれました。それから数十年経った一九七〇年代に、ＧＨＱの公文書が公開になりました。そのとき、自分にかかわる公文書を請求したら、段ボールいっぱい分の資料が届きました。ちょうどその頃、僕は友だちの平川克美君といっしょに翻訳会社を立ち上げたところだったので、その翻訳がうちに回ってきました。数週間かけて、数百頁のＧＨＱの内部文書をその時に翻訳しました。そしたら同じ社会党の仲間であったはずの西《にし》尾《お》末《すえ》広《ひろ》と曽《そ》弥《ね》益《えき》から「平野力三は戦前天皇主義者のファシストだったから公職追放すべきだ」という通報がＧＨＱあてになされていたというメモが出てきた。公職追放はＧＨＱの自主的な判断だったの

ではなく、党内でのヘゲモニー闘争で平野力三を追い落とすための身内からの密告に基づくものだったのです。

平野力三は、それを根拠に、自分の公職追放は不当だと、アメリカ政府に対して損害賠償と謝罪を請求しました。賠償金は得られませんでしたが、ジミー・カーター大統領からの公式謝罪を引き出しました。これには僕も驚きました。

こういう体験があるので、公文書の管理は絶対に必要だと思います。でも、安倍政権下ではおそらく政権に不都合な公文書は組織的に改ざんされたり、廃棄されたりしている可能性がある。それによって政権は延命したり、関係者は訴追を免れたりできるのでしょうけれども、実際に何が行われていたのかを後から知る手がかりがなくなる。これは統治機構の安定性、継続性を考えると深刻な問題だと思います。安倍政権下に、政治的なマヌーヴァーのせいで、不利益をこうむったり、人権侵害を受けた人たちが、将来名誉回復したり、賠償請求したりする手立てがなくなるということですから。

映画『ブレードランナー２０４９』では、あるときに「大停電」が起きて、それ以前のすべてのデータが消失した時代が舞台なんですけれど、日本の場合は、安倍政権の六年間が「大停電」に当たるということになるかもしれません。あと何年かして、安倍時代の公文書を見ても、政権に不都合な情報はぜんぶ消去されているので、何が起きたのかわからなくなっているということになるんじゃないでしょうか。

タイムスパンの縮減と「嘘」

内田　「食言」という言葉がメディアでは死語になったのは、過去のできごとが記憶されている時間が短期化したことが理由だと思います。「人の噂も七十五日」どころではなく、「七・五日」ぐらいまで縮減している。それは経済活動の成否を考量するときの時間の幅が劇的に短縮していることと関係があると僕は思います。

いま、株の取引は、一〇〇〇分の一秒単位で行われています。もう人間が売り買いしているわけじゃない。アルゴリズムがやっているんです。経済活動の単位時間が人間的時間と大きくずれてきている。

株式会社の平均寿命は約六年です。国立大学が行政法人化したときに、中期計画の提出が義務づけられましたけれど、このとき「中期」というのは六年間でした。どうして六年なんだろうと不思議に思っていたのですが、あとから考えたら、六年というのは株式会社の平均寿命だということに思い至りました。たしかに、一般企業の場合、一〇年後、二〇年後の事業計画なんか考えても仕方がない。今期の収益が悪化して、株価が下がったら、その先はない。とにかく今期を生き延びないと始まらない。だから、一〇年後、二〇年後のことを考える暇があったら、当期の利益をどうやって最大化するかに集中する当期利益至上主義になるのは合理的なんです。

以前でしたら、老舗の暖簾を守って五〇年、一〇〇年というような企業がありましたけれど、いまの企業は長期にわたって存続するということにはそれほどの価値を認めていない。起業して、有望な事業内容だと、すぐにその会社を買いに来るところがある。会社を売って、莫大な利益を得たという場合、実質的に会社が存在したのはほんの数ヵ月だったけれど、創業者と投資家は大金持ちになったというようなことがあり得るわけです。

企業が長く継続したことよりも、いかに短時間で、どれだけ儲かったのかが高く評価される。そうなると、長期的に企業を維持するためには何をしたらよいのかということを思量する習慣そのものが失われてしまう。

データ改ざんをしたり、法令違反をしたり、粉飾決算をしたりという企業不祥事が立て続けに起きましたけれど、企業が長期にわたって継続することが何よりも重要だと考えていたら、そんなことをするはずがないんです。短期的にはそれで得をしても、長期的には大きな損失をもたらすリスクがあるからです。でも、いまの経営者は「長期的には大きな損失をもたらすリスク」についてはもう考えないようになった。当期のことしか考えない。目先の損得のことしか考えない。それ以上長いタイムスパンで企業経営のあり方について考える習慣そのものが失われた。だから、平気で嘘をつくようになる。

嘘というのは「ばれたときにはじめて嘘と認定されること」であって、ばれない限りは嘘ではないのです。長いタイムスパンをとると、ほとんどの嘘は「いずればれる」わけですけれど、短いタイムスパンだと、「ばれる」前に自分が満額の退職金をもらって退職していれば、経営者個人のレベルでは、嘘によってもたらされる利得の方が正直に生きることの利得より大きいということがある。

――官僚のタイムスパンは、自分の在任期間というわけですか。

内田　自分の在任期間に露見して、事件化することさえなければ、どのような不祥事があっても、それを公開するよりは隠蔽した方が個人的には利得が多い。だから、物事の適否を判断するタイムスパンが短くなればなるほど、人は嘘をつくようになる。

――安倍首相の場合、言ったその瞬間だけが本当で良いというわけでしょうか。

内田　そうですね。彼はその場しのぎの嘘をつきます。

――罪悪感もなく、福島原発はアンダーコントロールと言い切っていましたからね。

内田　あったら、あんなことは怖くて言えないと思います。アンダーコントロールじゃないことは彼自身熟知しているはずなんだから。それでもあれが言えるというのはたいしたものですよ。

――それは小泉政権ぐらいからでしょうか。新自由主義が出てきて、世のなかが変わり始めて……。

内田　どの政治家がイニシアティヴをとったわけでもなく、社会全体がそうなったということですね。

言われなくなった「国家百年の計」

――貧富の格差が激しくなったから余計に、なだめすかしが必要になっているのでしょうか。

内田 「国家百年の計」という言葉をもう聞かなくなって久しいですね。百年というと孫までの三代の期間です。本来、統治機構の大きな枠組みについては百年スパンで考えなければいけないということです。百年スパンで今の政策の適否を判断する。でも、もう「百年の計」なんか誰も考えていない。言葉さえ口にされなくなった。百年どころか、一〇年後の日本がどうなるかについてさえ、誰も考えていないんじゃないですか。

――結局、経済で利益を上げようと思うと、短期で考えるしかないという思考がどんどん増えて、誰もかれも一攫千金狙いになってしまっているのではないでしょうか。

内田 アップルにしても、グーグルにしても、アマゾンにしても、これらの企業があと五〇年後に存在するかどうかなんて誰も知らない。なくなったとしても、それはそれに代わるもっとスマートで、もっと使い勝手のよいビジネスモデルを誰かが新たに考え出したということですから、消費者は別に困るわけじゃない。一〇年もしたら、「昔はグーグルって、あったね」「あった、あった」というような話をしていると思います。

その時代の産業構造や経済活動に基づいて、僕たちは世界観を形成する。それは仕方のないことなんです。いま僕たちは株式会社という企業形態に準拠して社会制度を設計し、運営している。そして、株式会社においては、長期的に存続することも、従業員たちの雇用を確保することも、優先的な課題ではない。だから、国家を株式会社に準拠して制度設計すれば、国が長く存続することも、国民の安寧を気づかうことも、どちらもそれほど優先的なことではないとい

凱風館道場にて。

う話になる。

――安倍首相の〝嘘〟も、一つの時代の流れなのですね（笑）。

内田　そうです。安倍首相のような人物が総理大臣になって、長期政権を維持し得ているのは、彼のありようが現在の日本の社会構造にジャストフィットしているからなんですよ。

――国民の思考の一部を反映したのが安倍首相なのかもしれませんね。

内田　そうです。彼は、現代日本社会が生み出し、現代日本人が選んだ政治家です。僕たちの時代の「鏡」だと思います。

内田　樹（うちだ・たつる）
思想家・武道家。一九五〇年、東京生まれ。神戸女学院大学名誉教授、合気道凱風館館長。東京大学文学部仏文科卒業。専門はフランス現代思想、武道論、教育論等。『私家版・ユダヤ文化論』で小林秀雄賞、『日本辺境論』で新書大賞受賞、著作活動全般に対して伊丹十三賞受賞。近著『街場の平成論』（編著／晶文社）、『善く死ぬための身体論』（共著／集英社新書）、『武道的思考』（ちくま文庫）ほか著書多数。

Special Interview

元森友学園理事長・籠池泰典＆諄子夫妻に訊く！「いまだから、話せること」

安倍さんとの出会いと訣別

【教育基本法の改正】 日本の教育制度の基本原則を定めた「教育基本法」は、一九四七年に公布・施行。約六〇年間、一度も改正されなかったが、第一次安倍内閣のもと二〇〇六年に改正。新法は一一カ条から一八カ条に増え、「伝統と文化」「愛国心・郷土愛」「公共の精神」が強調されていることが指摘されている。

19人の証人尋問が始まる大阪地方裁判所前で。

© Yoshiro Sasaki 2019

安倍さんとの出会い

――籠池さんが、最初に安倍さんと知り合ったのは、いつですか。

籠池泰典（以下、籠池） 知り合ったというか、安倍さんという政治家に注目し始めたのは、二〇〇〇年の第二次森内閣で、安倍さんが小泉純一郎氏の推薦を受け、内閣官房副長官に就任した頃からです。

——安倍さんはその後、二〇〇二年の小泉首相の北朝鮮訪問に随行し、日本人拉致問題で活躍。国民の注目が集まりましたよね。

籠池　四年後には戦後最年少で、内閣総理大臣に就任。第一次安倍政権で「美しい国」を掲げられました。そこまで、すごく上げ潮なんですよね。

日本会議も、組織を挙げて応援していました。こうしたことの関連から、安倍晋三さんという人物を想像していましたね。

——安倍さんのことを信用していらした？

籠池　それはそうですよ。

北朝鮮に日本人の拉致問題で小泉首相と行かれたときのことは、よく喧伝流布されていましたからね。故・金正日総書記と小泉首相との首脳会談で、「安易な妥協をするべからず」という強い姿勢を示して、じわじわと人気が上がってきた。「金正日が拉致を認めて謝罪しなかったら席を蹴って帰国しましょう」と言ったというエピソードが効いていますね。「ああ、そうか。それを言える人なのか」と。みんな、命懸けているなと思うわけです。ところが、実は、そうではないんだよな……。

人が判断するのは、そのとき、そのときの、たった一言のフレーズ。それで全部判断してしまう。

第一次安倍内閣の所信表明のときに掲げられた「美しい国、日本」という言葉は、やっぱり震えましたね。僕は保守のほうですから。この言葉は、経済大国になって日本が失っていった道徳心や倫理性、そういうものを取り返さなきゃいけないというふうに聞こえました。

美しい日本とは、江戸幕府の時代、自給自足の循環型社会のもと、戦争もあまり起きていない、子どもをとても大切にする社会。国民は上の者を敬い、下の弱い者を慈しむ。自分で物事を考え、創意工夫することができる秩序ある世界――。そんなことを想起させられました。

それから、僕は教育者ですから、安倍さんが教育基本法の改正（二〇〇六年一二月に公布・施行）をされたということも大きかった。改正で謳われた「豊かな情操と道徳心を培う」「我が国と郷土を愛する」ことは、常日頃から大切だと思っていました。それに、日本の国旗に対して敬意を払うというのは、基本的なことだと考えていましたから。

それが、残念なことに、森友学園問題を通じて、「この人が言っているのは本質的なところじゃなくて、自分にとっての国というか、表面的なことで使っているんだな」と、だんだんわかってきたのです。

安倍さんとの面談の約束

――籠池さんは結局、安倍さんとは一度も会わずですか？　諄子さんは？

籠池　僕はなくて、代わりに長男が会っています。僕は「直接に、会わなくても」という気持ちもありましたし。

籠池諄子夫人（以下、諄子夫人）　私も安倍さんとは、会ったことがありません。でも、実は会うことになっていたんですよ。

籠池　確か、二〇一四年の三月。ホテルオークラ東京の和食料理店「山里」でという約束だったと思います。

諄子夫人　そうそう。あそこで、安倍さんと昭恵さん、お父さん（籠池氏）と私の四人で会うと言ったんです。それが当日になって、安倍さんは都合が悪くなったというので、予約を四人から三人に変えたんです。

――諄子さんが、最初に昭恵さんに会われたのはいつですか。

諄子夫人　このホテルでの食事のときです。

きっかけは、幼稚園の保護者の方の紹介です。その方が昭恵さんに、「こういう幼稚園がある」と、私どもの「お母さん新聞」と一緒に「自分の息子が塚本幼稚園で学んだことを誇りに思っている」と手紙を添えて昭恵さんに送られたみたいなんです。そしたら昭恵さんから連絡があって、その保護者の方と昭恵さんは会うことになったそうです。

その後その保護者と昭恵さんが行ったのが奈良の春日大社と聞いています。保護者の人と、もう一人の保護者の人のご主人が運転をして、三人で行かれて、春日大社で、まだ昭恵さんがさほど知名度がないときでしたが、観光客に「写真撮ってください」と言われて、昭恵さんと一緒ではなく、昭恵さんにシャッターを押してもらったそうです。

籠池　昭恵さんにそんなふうに会うと話が進んだのは、もともと、何回も電話で連絡し合っていたからなんですよ。ずーっと、安倍晋三首相の後援会として、当然、昭恵さんや安倍首相を応援していたのです。安倍事務所の秘書である初村滝一郎氏とも、何回もやり取りがあった。だから、そうした際の様子も、昭恵夫人は聞きたかったみたいですね。「初村はどうでしたか」とか、「初村はどのようにしていましたか」ということを聞きたかった。そうしたことが背景にあったのです。

いまだから話せる事件の裏側
森友学園事件の真実と功罪

事件の裏側①

維新の会と藤原工業

私はゴミが出てきたのを知らなかった

――小学校の建設予定地にゴミがあることを、いつ知ったのですか？

籠池　二〇一六年の三月一一日金曜日ですね。

私はゴミが出てきましたというのを、知らなかったんですよ。それで、すごく重要な問題だったら、見つけた日に電話かかってくるはずでしょう、普通は。「えっ！」と思うでしょう。でも、定例の会議のときになって初めて、それを説明したんです。「籠池先生、ここです」とね。

定例の会議は金曜日ですから。月曜日に出てきても四日間あるわけでしょう。火曜日だったら三日間。すぐ連絡できるわけですよ。何してたんだろうということですよ。僕は、なんでもっと早めに知らせんかったのか。そんなの、いつ出てきたのということも聞いていないから、また、そういうような脳細胞の高速回転もなかったから、「えーっ、どういうこと？」と驚いたわけです。

それで、すぐに財務省に連絡して理財局の田村さんに会いに行ったんですよ。のせられていたのでしょうかね。彼らはいま何の罪の意識もなく、瑞穂の國記念小學院の建物に留置権を立てて、いかにも籠池夫婦が悪いのだというように、私たち夫婦に民事訴訟まで起こしているわけです。

――「瑞穂の國記念小學院＝安倍晋三記念小学校」の建設を請け負っていたのは大阪府吹田市の藤原工業株式会社で、代表取締役は藤原浩一《ふじわらこういち》氏。この会社は二〇一三年、日本維新の会（当時、橋下徹代表）に一〇万円献金しています。二〇一七年三月二一日に開かれた大阪府議会都市住宅常任委員会で日本共産党の宮原威《みやはらたけし》府議（当時）の質問について松井知事（当時）は、この献金について「いま初めて知った」「政治資金規正法にのっとって広く献金をいただくことに違法性はない」と答弁しました。確かに献金自体に違法性はないかもしれませんが、大阪府が藤原工業に工事を発注したのは、二〇〇二年以降二〇〇七年までの六年間に一件二億四〇〇〇万円のみ。ところが橋下徹氏が知事に就任した二〇〇八年以降二〇一四年までの七年間は七件二二億円。実に九倍の額になっています。

籠池　藤原工業を私に紹介したのは元維新の阿部賞久《あべたかひさ》氏（元大阪府議）です。「業者が決まっているんですか？」と聞かれたので「決まってない」というと「そんなら藤原工業を使ってやってください」と言いました。

この阿部元府議の事務所は藤原工業の旧社屋だったのも気になりました。

藤原工業から、私は訴えられています。資金もないのに工事を発注したという罪で、一億円を払えと。おかしな裁判です。この裁判審理のなかで、重要ないろいろな事柄が露見してくると思います。藤原工業と維新の会は一体なのだなあと感じています。

事件の裏側②

文書改ざんと故・鴻池議員のコンニャク会見

【籠池メモとコンニャク会見】　二〇一七年三月一日、参院予算委員会で共産党の小池晃議員は、大阪府豊中市の国有地が、学校法人・森友学園に払い下げられる過程で、元学園理事長・籠池氏との間で交わされた二〇一三年当時のやり取りが記されたメモを読み上げた。そして、同日夜、元防災担当相の鴻池祥肇《こうのいけよしただ》氏は記者会見を開き、「陳情報整理報告書」（鴻池メモ）を発表。籠池氏から国有地払い下げの相談や報告があったことなどを暴露した。報告書には、鴻池事務所の「口利き」で、小学校の用地が、七〜八年の賃貸後に購入しても良いという本省や大阪府の「前向き」な回答があったことが記されていた。

また、この記者会見で鴻池氏は、二〇一四年四月に籠池夫妻が議員会館を訪れ、夫人が「紙に入ったもの」を差し出したことを明らかにした。そして鴻池氏は、「無礼者！」と夫妻に突き返し、封筒の中身が「金だったのかコンニャクだったのか知らない」と語った。

改ざん文書が物語る事件の背景

籠池　財務省の改ざん文書が、一挙に出てきたけれども、それを見ると、背景がわかりますよね。「こうで、こうで。ああ、こんなことしよったんやな」と。

もう一つ重要なのは、「こんなことしてたんか」と。この事件が勃発しなかったらわからんかったことやねというのがね、何とも複雑な気持ちです。

諄子夫人　例えば、鴻池祥肇さんの事務所から、一〇万円寄付したことで電話がありました。事務所の菊池秘書という人から電話があり、「いまから、お金を園に届けたい」と言うのです。「園の周りには、たくさんのマスコミがいますよ」と申し上げると、「あれは政治献金ではないですよね」と。それで、お父さんが「はい、違います」と言ったら、「返したいから口座番号を教えてほしい」と言われていました。

コンニャク記者会見の前にかかってきた電話

――二〇一七年三月一日に、共産党の小池晃議員が、鴻池さんと籠池さんとの面談記録を国会で読み上げました。

諄子夫人　そうだったのですか。まったく知りませんでした。鴻池事務所の菊池さんから携帯に不在着信が二〇回も入っていました。記録には残っていると思います。結局、電話

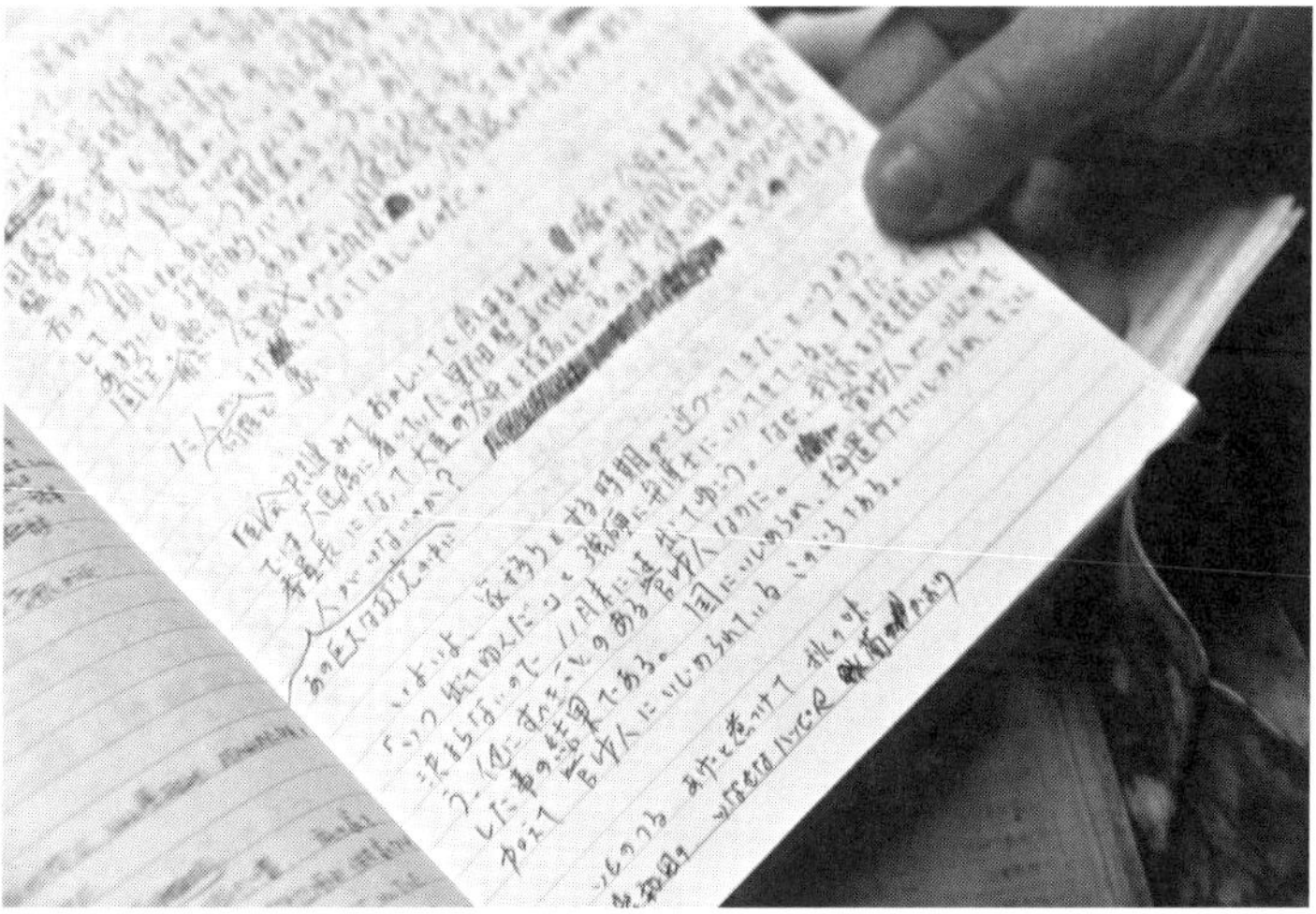

籠池夫妻は「とにかく何でも綿密に記録に残している」と話す。写真は泰典氏のノート。

には出ませんでした。

国会のあった二〇一七年三月一日の夜に、鴻池さんが記者会見をされたのは、私たちが、電話に出なかったからかなとも思いました。何というのかな、カムフラージュするためなのかなって。なんか、封筒の中身が「金なのかコンニャクなのか知らん」と言われたのはどうも……。

籠池　安倍さんはこれで鴻池さんを「潰せる、潰す原因が一つできた」と思ったんですよ。鴻池さんの後継者の息子さんは、自民党の公認にならなかったでしょう。だから、結局、潰したことになるんですよ。僕はそのことを知ったとき、「鴻池さんのコンニャク発言に対する、安倍さんのお返しは、これか」と思ったんですよね。

まあ、鴻池先生は、急きょ会見を開かずに、もうちょっと大人の動き方をされたらよかったと思う。

――あそこで動かないのが一番良かったんじゃないですか。瑞穂の國記念小學院開設の件で、もともと鴻池さんは、森友学園には協力的でしたよね。当初は子どもたちの姿を見て「態度がすばらしいと思った。私の思想に合うと思った」と。何回も塚本幼稚園の講演にもいらしていたようですね。

籠池　そう。非常にいろいろと、志は一緒という気持ちはありましたし、一所懸命していただいたということは当然ありますよね。

ただ、物事が反転したとき、鴻池さんに限らずでしょうが、「知りまへんで、こんなこと。勝手にやってくれたんちゃいますか」と言ってしまうんでしょうね、人によっては。まあでも、やはり、(鴻池さんは) 仏さんの掌じゃないけど、動かされたかな。

——それぐらい安倍政権が怖いということでしょうか。

籠池　きっと、そうでしょう。

事件の裏側③

一番許せない、昭恵さんの嘘

昭恵さんを通じて情報収集

——諄子夫人にお聞きします。昭恵さんの嘘で、何を一番許せないですか?

諄子夫人　首相の奥さんだから偉いのだ、みたいに勘違いされているところがあると思います。でもそんなことより何より、嘘をついて梯子をパッと外す——というのは、どうしても……。

——鴻池祥肇氏は、籠池夫妻が「コンニャク」か何かを封筒に入れて差し出したので、突き返した——という記者会見を二〇一七年に行いました。そのときに、昭恵さんから電話があったそうですが?

諄子夫人　ありました。昭恵さんが言うには、「主人（安倍首相）から、『いま鴻池さんが記者会見しているけど、何のことだろう？』と電話がかかってきた」ということでした。それで、「私もわからないです」って答えて、そのあと、一時間ぐらい昭恵さんとしゃべっていたと思います。

籠池　安倍さんが昭恵さんを通じて情報収集されたんだろうと、今は思います。

諄子夫人　昭恵さんとは、随分、頻繁に電話もメールもやり取りをしていました。鴻池さんの記者発表のことにしても、塚本幼稚園での講演会に来ていただいた際の「一〇〇万円」のことにしても……。

当時はまだ、結局、官邸主導ですべて決められる感じで、奥さん（昭恵さん）は、それに合わさざるを得ないんだと思っていました。

だけど、いまから考えると、はっきりそのときに「それは違う」と、なんでご自分でおっしゃらなかったのかなと思います。そう思うと、私はやっぱりなめられていたんかな、やっぱり軽く思われていたんだなと思わざるを得ないですね。

——昭恵さんからの、最後の連絡は何だったんですか。

諄子夫人　「いまでも名誉校長はやりたい。やりたいという気持ちに変わりはない」という会話だったと思います。ご本人は本当にそう思っているけど、周りの状況でできない、というふうでした。

※ 2019年4月の道府県議選で、大阪府の松井一郎知事と大阪市の吉村洋文市長は、大阪都構想をめぐり、任期途中で辞職を表明。入れ替わって出馬し、二人とも当選した。

籠池さんから見た安倍像

【日本会議】　「日本を守る国民会議」と「日本を守る会」が統合し、一九九七年に設立。同会議ＨＰには、全国に草の根ネットワークを持つ国民運動団体とある。

【出入国管理法（入管法）の改正】　日本に出入国するすべての人に適用される。二〇一八年に外国人労働者の受け入れを拡大する改正案が可決され、二〇一九年四月に施行。

日本会議と安倍首相

――今の籠池さんには、安倍さんは、どんなふうに見えますか？

籠池　安倍さんは鎧兜《よろいかぶと》をかぶっているような感じですよね。いわゆる甲冑《かっちゅう》をつけ、兜を被り、鉄砲を持って。それで、なおかつ横にまだ用心棒を二〜三人つけているような感じです。

――その鎧兜は、日本会議に当たるわけですかね。

籠池　日本会議は、横の用心棒みたいなものですよ。やっていきたい施策を実際に打つのは自分自身だし、自分のブレーンじゃないですか。日本会議がいるとか、いないとかは関係ないはずです。

――よく安倍首相は、日本会議の意向を酌んで、日本会議の人が気に入るように発言したり、適当にやりながら政策を進めていると言われています。支持層を失わないために。

籠池　それは、まさにそうでしょう。

本来、日本会議は「使われ人」なんですよ。傭兵《ようへい》みたいなものです。傭兵がいないと困るから、傭兵にとってプラスになることは確かに言うでしょう。しかし、実際の自分の中核の軍、近衛《このえ》軍は財界なんですよ。日本会議はある種、目くらましでもある。全軍を動かすためには、傭兵も、中核になる近衛兵も一緒になって戦っているのだという方向に持っていくために、うまくカムフラージュしていると思います。

本当に安倍晋三さんの心のなかに憲法改正があるでしょうか。私はたぶん、ないと思います。日本会議が喜ぶように言っているだけです。

安倍首相にとって「嘘」とは？

籠池　安倍さんは心に、何かトゲが刺さっているように思います。幼少期の体験から、心に歪《いびつ》なものがある。こだわるというか、いつまでも根に持つというか、「正しい悪い」の判断に常人とは違うところがある気がします。国民に対して嘘を言っているということはわかっているんですよ。だから余計に、嘘を言ったら、つき通さないかんという気持ちになるんじゃないでしょうか。嘘は嘘で、もう、ここまで来たのだからと。

国会でも安倍さんの答弁は長いですよね。本当はもう、イエスかノーだけでええのに。受験勉強じゃないけど、「傾向と対策」からなんでしょうね。国民がどう動くやろか、マスコミはどう動くやろか。傾向と対策を常に勉強している。しかし、残念なことに、目先対策で、先のことを考えているわけではない。常に、対症療法だけなんですね。

安倍さんの育った環境では、嘘をつくことを「ダメなんだぞ」ということがなかったのでしょう。それは、政治家の家だから、嘘を言ってもいいだろう——そんな気持ちが、安倍さん自身の心のなかに巣食っていたのかもわかりませんね。

それは、自分のなかだけで処理するのは、まだいいでしょう。けれども、国家国民に対して嘘をつき通していくという、この状況は、もう何というか、サタンに魂を売ったキリスト者のようなものですよ。そんなこと、許されることじゃない。絶対ダメ。

特別視、いわゆる選民主義いうかね、自分たちは別だという発想がそこにはある。「ほかの人たちはダメです。でも、私たちはいいの、私は総理大臣なんだから嘘ついても構わない」という考え方を、民主主義国家のなかの内閣総理大臣、あるいは衆議院議員が持つこと自体が間違っている。それはもう、そこの第一の、一丁目一番地ですよね。民主主義国家の政治家として一丁目一番地がダメになっているんです。

人権問題が問題視されるいま

拘置所の中で考えたこと

【森友学園問題に伴う補助金詐欺】籠池夫妻が、いわゆる森友学園疑惑で補助金不正受給で逮捕されたのは、二〇一七年七月三一日のこと。小学校の建設に際し、国から補助金（約五六〇〇万円）を騙し取った疑いと、大阪府と市からは、運営する幼稚園で職員の水増しや要支援園児の診断書を書き換え、補助金を不正受給したという疑い。不正額は合わせて計一億七六二〇万円程度。二〇一八年五月二五日に保釈されるまで、一〇ヵ月間にわたって勾留された。

拘置所は精神的に痛めつけるところ

――拘置所の中の様子を、諄子夫人の著書『許せないを許してみる　籠池のおかん「300日」本音獄中記』（双葉社）で綴られました。昨年末以来、カルロス・ゴーン氏が長期勾留されたことで、人権問題もフォーカスされています。

諄子夫人　拘置所の中はもう、ほんとにそこらじゅう、怒声ばかりの世界でした。「何やっとんねん！」「風呂の掃除したか？」「なんでや？　なんでそんなんや！」とかね。受刑者や未決勾留者といえどもね……、拘置所に人権ないの？　と思いました。

いま、ただでさえ人権と言われているときですから、余計にびっくりしました。それに、取り調べでは検事から、「クソばばあ」と言われました。「いつ死んでもいい歳じゃないか」とも……。とにかく精神的に痛めつける、という感じです。

接見禁止で家族に会うこともかなわず、担当弁護士さんが唯一の話し相手。未決勾留者同士は勿論、刑務官にも、話しかけられません。私語は一切禁止。刑務官達は、とにかく偉そうで、人を見下すような言葉遣いだったように思います。

薬なしでは正気を保てない

――拘置所は休みの日になると、運動のために外に出られな

『許せないを許してみる　籠池のおかん「300日」本音獄中記』籠池諄子著（双葉社）

諄子夫人の書籍発刊のトークイベントには、関心を持つ人々が集まった。

© Yoshiro Sasaki 2019

くなると聞きました。

諄子夫人　休みの土日になると外に出られなくなります。三畳ほどの拘置部屋に丸々動けずにいるだけで、正気を保つのが大変です。今年、世のなかは天皇即位で一〇連休を喜んでいたと思いますが、拘置所暮らしをした私からすると、受刑者などは一〇日間、外に出られず気が狂いそうになると思うんです。何とかしてあげてほしいと思います。

夜中でも周囲から、扉を叩いて叫ぶ声が聞こえてきたり、「あっ、あれはポットを投げつけているな」とか……。ほとんどの人が薬（向精神薬）を飲んでいる感じでした。みんな薬に逃げざるを得ないですよ。若い未決勾留者さんには、睡眠薬やうつの薬、痛み止めなどの薬を常時、内服している人が多いのです。独房で誰かが移動すると、「ああ、また薬やな。それで楽になりたいんだな」と思いました。どれだけの薬の量が拘置所内で出されているのか、統計を見せてほしいほどです。

――諄子さんは、懲罰房にも入ったとか。

諄子　私の刑務官への口の利き方が気に入らなかったのかもしれません。懲罰房に一回入れられました。入ると、じっと座って、一点をひたすら見つづけるようなことをやらされたりしました。

――それはすごい懲罰ですね。しんどくなかったですか。

諄子　でも、その懲罰房に入ると、なんていうか、あいつは懲罰房入ったということで刑務官や受刑者などからも一目置かれるようになる、みたいなところもありました（笑）。
――さすがですね（笑）。

三〇〇日間の勾留はまさに口封じ

――籠池さんは、拘置所の中で、何を一番考えていましたか。

籠池 きょうも朝が来て、天に生かされている。自分がここにいるのは使命があるからだ。他人のために役に立ちたい、僕はプラス思考なんですね。今日は、良くなると。だから、その日を落ち着いた気持ちでそのまま過ごせるんですよ。

僕らを拘置所に三〇〇日間、入れたということは、まさに口封じ。それしかないんですよ。そこで一つ間違えていたのは、私の家内まで拘置所に入れてしまったこと。家内は何もしていないので非常に申し訳なかったと思います。ただ、結果として、家内が一緒だったことは、私にとっては千人力だったんです。

諄子夫人 日常の生活のなかでいかに迷いが多いかということも考えましたね。自分が落ち込むときにこそ、気がつくことが大きいということを、身をもって経験しました。

拘置所に入ると、日本の豊かな生活の中で、こんなに犠牲になっている人がたくさんいるんだなと思いました。

籠池さんから安倍さんへ。諄子夫人から昭恵さんへ
公判で明らかにしようとしていること

いよいよ公判が始まった

――拘置所から出られて一番、思ったことは？

籠池　二年は覚悟していたんですよ。拘置所から出たとき、とにかく私は家内と会えたことがすごく嬉しかったんですよ。僕はね、家内は早く出してもらいたいと、ただ、それだけを思っていました。

拘置所を出るとき、保釈条件として、夫婦間で接見禁止となる可能性がありました。それで、家内と私とは同じところに住んではいけないと言われていたんです。だから余計に、あの記者会見のとき、会えて嬉しい、ただ、それしかなかったんですよ。僕たちはもう「戦友」ですから。生まれる前も、その前も戦友やったと周囲からも言われますが、その通りやと思っています。

諄子夫人　長女とも早く会いたいです。

籠池　長女は一昨年の三月に学校法人森友学園の理事長になりました。翌月、学園は民事再生を申し立てたので、実の娘でありながら、親である私たちの経営責任を追及しなければならない立場。ですので、二年近く、会うことはおろか、電話すらしていません。そのうえ、保釈の条件として接見禁止措置もつきました。いつになったら会えるのかと思うと、寂しい気持ちになります。

諄子夫人　それでも、いまこうして、どこでも行けるようになって、自由っていうのはええなと、つくづく思います。いま、こうして外に出られることが何より有り難いです。

安倍さんを反省させるのは私しかいない

籠池　昔は武士道に反するという言い方をよくしましたけれども、安倍さんは、やっちゃいけないことをやってしまったんですよ。彼自身が反省をしないといけない。反省をさせるのは誰がいるかというと、あのときは私しかいなかった。これを籠池が言うことによって、安倍さんが「あのときは本当にすみませんでした。本当はそうなんですよ」とひとこと言えば、それで終わったはずなんです。

あの方は、たぶん総理大臣在任中の晩節を汚してしまったと思います。いろいろな政策を進められてきましたが、そうしたことすべては、実はあの森友問題を、あるいは加計学園のことを隠蔽するための方策だったと、言い続けられるのです、きっとね。

勾留中に自宅は強制競売

――現在は、どういう状況なんでしょうか？　ちなみに補助金は返還されたんでしょうか。

籠池　国からの補助金については、逮捕前に、補助金約五六〇〇万円を国交省に全額返還しています。勾留中に豊中の自宅は競売にかけられましたので、今は、府内に犬二匹と家内とで、次女と一緒に暮らしています。

――長い公判前整理手続きを経て、いよいよ三月六日から裁判が始まりました。

籠池　瑞穂の國記念小學院建設に際しての国交省のサステナブル補助金、および幼稚園への大阪府および大阪市からの補助金の受給をめぐる詐欺容疑です。

正々堂々と事実を明らかにしたいと思っていますよ。

僕たちは音を上げないです

諄子夫人　「籠池潰し」がいろいろあります……。家の競売や籠池学園の再開を前にしての固定資産税未納による土地・建物の公売、社会福祉法人肇國舎が経営していた高等森友学園の認可取り消し（淀川区は一番、待機児童が多いのに）と固定資産税未納による建物の公売。それに理由を告げぬまま、通帳作成を拒否されたこともありました……。

私たちがいま口開かないと、損するというか、「負ける」のではないかと思っています。

籠池　三月六日から公判が始まりましたが、僕たちは音を上げないです。

確かに学園の件では僕たちにも反省すべきことは随分あったと思います。

ただ、僕らが闘っているのは、自分たちの弁明をしたいからでは

2019年3月6日、いよいよ公判が始まった。
「非は認める。だが、これは私たち夫婦を標的にした国策捜査だ」と語った。

なくて、おかしなことがまかり通ることに対してなんです。

すごく重要なことは、日本はいま独裁国家になっているということです。権力者が「何でもできるよ」となっているんですよ。「強い者に逆らえば、こんな痛い目に合うぞ」ということを、いま打ち出そうとしている。でも、それは教育上よくないですよね。次世代に、ダメなものはダメだと伝えなくてはいけない。正義はどこまでも正義である、ということは、非常に重要なことなんですよ。

それを、どうか一般の国民の方々にわかっていただけたら、応援してもらえたらと思うんです。そうでないと、このままやっていくと、もう「長いものに巻かれろ」方式にすべてがなってしまう。「はい、わかりました。それで結構です」で終わってしまってはいけないんです。

奸臣の　安倍一強に　春遠し

（籠池泰典）

※本文の籠の字は籠として表記しています。

あとがき

写真家はカメラを道具として作品をつくり、表現する。

政治家は言葉を道具として政治をおこなう。政治家にとって「言葉は命」のはずだ。安倍首相が、発する言葉は、すべてが「政治」である。国会の答弁だけではなく。公式式典の挨拶、宣言、表明、謝罪、記者の質問にたいする回答、新聞、テレビや雑誌などのメディアのインタビュー、対談、寄稿。そこで発言する言葉すべてが「政治活動」なのである。安倍首相の言葉には、やたらと形容詞が多く、耳学問だから、話が持たず、結論しか言えない。また、過去への敬意を欠いている。歴史に無知で勉強しようとはしない。敬愛する祖父以外の先人に学ぶ気はない。現在、国民に対する敬意を欠いているし未来に対する責任を欠いている。「言い間違え」が多いし、すぐ調べればわかる「嘘」をつく。一番の特徴は、ご自身の発言に責任をとらないことであり、それは、「政治活動」に対して無責任な態度である。

「私や妻が関係していた ということになれば、まさにこれはもう私は、それはもう間違いなく総理大臣も国会議員も辞める」と国会で安倍首相が答弁したために、官僚による忖度が始まり、自殺者までだした公文書の改竄や隠蔽。「私は立法府の長であります」発言にいたっては、一部、国会議事録からも削除され書き換えられている。

一九四五年八月一四日、ポツダム宣言一〇条の「一切の戦争犯罪人に対しては、厳重な処罰が加えられるべきである」の項目を恐れた陸海軍は、秘密文書が連合国軍の手に落ちるのを防ぐため、日本に限らず、海外にまで戦争犯罪の証拠となるような文書を焼却した。また侍従武官府が保管していた上奏書類も焼却された。

「日本政府は閣議でポツダム宣言受諾を決定するとともに重要機密文書の焼却を決定した。これに伴い陸軍は各部隊、官衙、学校などに機密文書の焼却を指令した。陸軍省、参謀本部など陸軍中枢機関の所在した市ヶ谷台では数日にわたり大量の秘密文書が焼却された。この焼却は、陸軍のみならず海軍においても大規模かつ徹底して行なわれ、為に、多くの貴重な文書が失われ、戦後の陸海軍の歴史研究に重大な支障を来す結果となった」(『日本歴史』「歴史手帖 陸海軍文書の焼却と残存」原剛　日本歴史学会編(吉川弘文館)一九九八年三月号　第598号)

戦争のなかで誰がどんな指示を出したのか、物ごとがどのように決まっていったのか、満州で岸信介氏と関東軍が果たした役割は、わからなくなってしまった。終戦時に行われた公文書の焼却は、現在における森友学園の国有地売却を巡る公文書が改ざんもしくは隠蔽されてきたことや加計学園問題に伴う「総理のご意向」とされた文書のあつかいにも符合する。

また二〇一九年三月に毎日新聞が首相官邸に対して、安倍晋三首相と省庁幹部らとの面談で使われた説明資料や議事録などの記録約一年分を情報公開請求したところ、驚くべき事に、その全てが「不存在」と回答された。首相にやましさがなければ、堂々と面談記録に保存すべきであり、常に開示すべきである。

東京新聞の望月衣塑子さんに、「森友・加計問題とは何だったのか?」後になっても検証できるような保存版的な本を作ろうと提案し、元通産相の古賀茂明さんにも対談をお願いして完成した前作『THE 独裁者 国難を呼ぶ男!安倍晋三』を世に送り出したとき、もう安倍首相について、書籍の企画をすることはないだろうと思っていた。しかし二〇一八年三月自民党は総裁任期を「連続二期六年」から「連続三期九年」に延長する方針を正式決定し安倍首相は、二〇二一年九月までの在任が決まった。私は再び望月さんに「安倍晋三の研究」をやろうと提案した。書籍になれば、安倍首相にとって不都合な真実が国会図書館に保存され、改ざんさせられたり隠蔽させせることもない。

二〇一八年一〇月からスタートした本著の企画でもっとも悩まされたのは、「安倍晋三の研究」にチャレンジした諸先輩がたどり着いた先、祖父岸信介の存在だった。「昭和の妖怪」と呼ばれた傑物のDNAを持つ安倍首相という人物を表現する難しさに直面した。安倍首相の経歴は、活字にしても読者の共感は得られそうになかった。そこで漫画家のぼうごなつこさんにお願いし、作画していただくことになった。また、日本一有名な男性政治家の研究を、日本一話題の女性新聞記者が書籍化するにあたって、ボディーガード役として政治ジャーナリストの野上忠興さん、思想家の内田樹さんに両脇を固めていただいた。漫画の原作については、野上さんの膨大な資料のおしみない提供とアドバイスなくしては、まとめることはできなかった。そして、超多忙にもかかわらず、望月さんとの対談を引き受けてくださった内田樹さん。取材でご協力いただきながらも紙数の関係上掲載できなかった宮崎学さんほか多数のみなさまのご協力に感謝いたします。

漫画あり、時事ネタあり、事件記事あり、インタビューあり、対談あり。こんな盛りだくさんの内容の書籍作りができたのは、KKベストセラーズ担当編集者の原田富美子さんが、かつて新聞や雑誌づくりの現場で記者として、取材することの面白さ、意義を共有していたからこそ、生み出せた書籍だと思っています。そして、DTP担当の田中秀男さんにも、丁寧なお仕事に感謝申し上げます。
最後に、安倍晋三総理大臣が敬愛してやまない祖父の言葉を紹介させていただきます。これは一九八二年八月二五日、当時人気絶大だった故・逸見政孝アナウンサーが「妖怪の正体　ニッポン経済」のテーマで、当時八五歳の岸信介氏に戦前の満州への「侵略」についてインタビューした動画を活字にしたものです。

岸「やっぱりその当時の世界情勢とか、ね、一般のその政治情勢。世界の考え方っちゅうものも背景として考えないとだな、日本だけがそういう事をしたと言ううんじゃなしにですよ。諸外国はみなそうやったんだよ」
逸見「岸さんご自身ですね、あれは進出であったか侵略であったかという風に質問があったとすればどうお答えなさいますか？」
岸「まあそりゃね、あの当時の状況からいったら『侵略でしょう』そりゃ、ね」
（『逸見政孝　ＦＮＮニュースレポート６：００』）

二〇一九年五月三日
写真家・編集者　佐々木芳郎

『面従腹背』前川喜平（毎日新聞出版）
『Black Box　ブラックボックス』伊藤詩織（文藝春秋）
『「私」を生きる』安倍昭恵（海竜社）
『許せないを許してみる　籠池のおかん「３００日」本音獄中記』籠池諄子（双葉社）
『総理』山口敬之（幻冬舎文庫）
『「意地悪」化する日本』内田樹・福島みずほ（岩波書店）
『日本の反知性主義』内田樹編（晶文社）
『日本戦後史論』内田樹・白井聡（徳間書店）
『慨世の遠吠え　強い国になりたい症候群』内田樹・鈴木邦男（鹿砦社）
『街場の五輪論』内田樹・小田嶋隆・平川克美（朝日文庫）
『安倍晋三が〈日本〉を壊す　この国のかたちとは―山口二郎対談集』山口二郎編（青灯社）
『徹底検証「森友・加計事件」朝日新聞による戦後最大級の報道犯罪』小川榮太郎（飛鳥新社）
『検証　産経新聞報道』『週刊金曜日』編（金曜日）
『戦争体験と経営者』立石泰則（岩波新書）
『政治家失言放言大全　問題発言の戦後史』木下厚（勉誠出版）
『立憲的改憲　憲法をリベラルに考える７つの対論』山尾志桜里（ちくま新書）
『安倍"壊憲"政権と昭和史の教訓』保阪正康(朝日文庫)
『田中角栄と安倍晋三　昭和史でわかる「劣化ニッポン」の正体』保阪正康（朝日新書）
『大東亜戦争の総括』歴史・検討委員会編（展転社）
『憲法政戦』塩田潮（日本経済新聞出版社）
『学習まんが　少年少女　日本の歴史20新しい日本　現代』監修児玉幸多　まんがあおむら純（小学館）
『「ポツダム宣言」を読んだことがありますか？』山田侑平（訳・監修）　共同通信社出版センター編（共同通信社）
『これでいいのか！日本の民主主義』飯島滋明　榎澤幸広　奥田喜道　編著（現代人文社）
『職業としての政治』マックス・ヴェーバー（岩波文庫）
『保守の遺言』西部邁（平凡社新書）
『集団的自衛権　論争のために』佐瀬昌盛（PHP新書）
『いちばんよくわかる　集団的自衛権』佐瀬昌盛（海竜社）
『大衆の反逆』オルテガ・桑名一博訳（白水社）
『大衆への反逆』西部邁（文藝春秋）
『決断のとき―トモダチ作戦と涙の基金』小泉純一郎（集英社新書）
『野中広務　差別と権力』魚住昭（講談社）
『THE独裁者　国難を呼ぶ男！』古賀茂明・望月衣塑子（KKベストセラーズ）
『閨閥　特権階級の盛衰の系譜』神一行　改訂新版（角川書店）
『防衛研修所三十年史』防衛研修所30年史編さん小委員会編（防衛研修所）
『日本歴史』「歴史手帖　陸海軍文書の焼却と残存」原剛　日本歴史学会編（吉川弘文館）1998年3月号　第598号

■雑誌■
『文藝春秋』「父・岸信介と安倍晋太郎」安倍洋子（文藝春秋）１９９１年１２月号
『文藝春秋』「小沢一郎との訣別」田﨑史郎（文藝春秋）１９９４年１０月号
『文藝春秋』「息子・安倍晋三」安倍洋子（文藝春秋）２００３年１１月号
『文藝春秋』「日本復興を託せる『次の総理』は誰か」（文藝春秋）２０１１年７月号
『文藝春秋』「大きな世界史から俯瞰せよ　安倍談話　歴史家からの提言」（文藝春秋）２０１５年６月号
『文藝春秋』「安倍昭恵　新しいファーストレディー宣言」（文藝春秋）２０１５年６月号
『文藝春秋』「『戦後70年談話』の陥穽　安倍首相　空疎な天皇観」保阪正康（文藝春秋）２０１５年９月号
『文藝春秋』「アベノミクスの成否を問う『一億総活躍』わが真意」安倍晋三（文藝春秋）２０１５年１２月号
『文藝春秋』「晋三は「宿命の子」自民党幹事長の娘、妻、そして母として」　特別手記　安倍洋子（文藝春秋）２０１６年６月号
『文藝春秋』「特集　驕れる安倍一強への反旗」前川喜平・石破茂（文藝春秋）２０１７年７月号
『文藝春秋』「安倍政権最大の失政を問う　亡国の『移民政策』」（文藝春秋）２０１８年１１月号
『月刊現代』「安倍晋三が封印した『乳母の記憶』上・中・下」（講談社）２００６年 ５月号・６月号・７月号

【おもな引用文献・参考文献】

■書籍・冊子■
『美しい国へ』安倍晋三（文春新書）
『新しい国へ　美しい国へ　完全版』安倍晋三（文春新書）
『日本の決意』安倍晋三（新潮社）
『吾が心は世界の架け橋　安倍外交の全記録』安倍晋三編（新外交研究会）
『この国を守る決意』安倍晋三・岡崎久彦（扶桑社）
『「保守革命」宣言　アンチ・リベラルへの選択』栗本慎一郎・安倍晋三・衛藤晟一（現代書林）
『軌跡　安倍晋三語録』海竜社編集部編（海竜社）
『安倍晋三対論集　日本を語る』PHP 研究所編（PHP 研究所）
『わたしの安倍晋太郎　岸信介の娘として』安倍洋子（ネスコ／文藝春秋）
『安倍晋三　沈黙の仮面　その血脈と生い立ちの秘密』野上忠興（小学館）
『気骨　安倍晋三のＤＮＡ』野上忠興（講談社）
『ドキュメント　安倍晋三　隠れた素顔を追う』野上忠興（講談社）
『総理の乳母　安倍晋三の隠された原風景』七尾和晃（創言社）
『安倍晋三の乳母はなぜ消えたのか　彼女が私に語った安倍家のすべて』七尾和晃（徳間書店）
『安倍晋三物語』山際澄夫（恒文社２１）
『安倍晋三の真実』谷口智彦（悟空出版）
『安倍首相の「歴史観」を問う』保阪正康（講談社）
『安倍三代』青木理（朝日新聞出版）
『情報隠蔽国家』青木理（河出書房新社）
『絶頂の一族　プリンス・安倍晋三と六人の「ファミリー」』松田賢弥（講談社）
『いざや承け継がなん　長州と安倍晋太郎』木立眞行（行政問題研究所）
『安倍晋太郎　輝かしき政治生涯』安倍晋太郎伝記編集委員会編（安倍晋太郎伝記編集委員会）
『安倍晋三のことがわからなさすぎて　安倍さんとホンネで話した７００時間』青山和弘（PHP 研究所）
『この国を揺るがす男　安倍晋三とは何者か』朝日新聞取材班著（筑摩書房）
『安倍晋三「迷言」録　政権・メディア・世論の攻防』徳山喜雄（平凡社）
『大メディアの報道では絶対にわからない　どアホノミクスの正体』佐高信・浜矩子（講談社）
『どアホノミクスの断末魔』浜矩子（角川新書）
『アベノミクスによろしく』明石順平（インターナショナル新書）
『安倍でもわかる保守思想入門』適菜収（KK ベストセラーズ）
『安倍政権の裏の顔「攻防　集団的自衛権」ドキュメント』朝日新聞政治部取材班（講談社）
『安倍晋三秘書が放火未遂犯とかわした疑惑の「確認書」』寺澤有（インデンツ）
『安倍晋三の本性』俵義文・魚住昭＋佐高信　横田一＋本誌取材班（金曜日）
『安倍政権にひれ伏す日本のメディア』マーティン・ファクラー（双葉社）
『安倍晋三の敬愛する祖父　岸信介』宮崎学＆近代の深層研究会（同時代社）
『岸信介回顧録　保守合同と安保改定』岸信介（廣済堂出版）
『岸信介　権勢の政治家』原彬久（岩波新書）
『昭和の妖怪　岸信介』岩見隆夫（中公文庫）
『昭和の妖怪　岸信介』田尻育三（学陽書房）
『ＣＩＡ秘録　その誕生から今日まで　上・下』ティム・ワイナー（文藝春秋）
『巨魁　岸信介研究』岩川隆（ダイヤモンド社）
『日本史暗殺 100 選』森川哲郎（秋田書店）
『東京裁判への道』粟屋憲太郎（講談社学術文庫）
『「家系図」と「お屋敷」で読み解く歴代総理大臣　昭和・平成篇』竹内正浩（実業之日本社）
『亀井静香奔る！　政界大迷走』大下英治（徳間書店）
『私物国家　日本の黒幕の系図』広瀬隆（光文社）
『吉田松陰　留魂録』古川薫（全訳注）（講談社学術文庫）
『宮澤喜一　保守本流の軌跡　90 年代の証言』五百旗頭真・伊藤元重・薬師寺克行編（朝日新聞社）
『ナチスの「手口」と緊急事態条項』長谷部恭男・石田勇治（集英社新書）
『憲法の良識　「国のかたち」を壊さない仕組み』長谷部恭男（朝日新書）

■参考映像■
『衆議院インターネット審議中継』
http://www.shugiintv.go.jp/jp/index.php
『参議院インターネット審議中継』
http://www.webtv.sangiin.go.jp/webtv/index.php
『政府インターネットテレビ』
https://nettv.gov-online.go.jp
『逸見政孝 FNN ニュースレポート 6:00 岸信介氏インタビュー』「妖怪の正体　ニッポン経済」（フジテレビ）１９８２年８月２５日放送
ＢＳ11『未来ビジョン 元気出せ！ニッポン！』「なぜ今、憲法改正が必要なのか」（日本ＢＳ放送）２０１１年９月３日放送
『みんなのニュース』「なぜ法制化を急ぐのか？」（フジテレビ）２０１５年７月２０日放送
『太田光の私が総理大臣になったら…秘書田中。』（日本テレビ）２０１０年８月２７日放送

■参考 Web ■
安倍内閣メールマガジン
https://www.kantei.go.jp/jp/m-magazine/backnumber/abe.html
安倍晋三フェイスブック
https://www.facebook.com/abeshinzo
安倍昭恵フェイスブック
https://www.facebook.com/akieabe
安倍晋三ツイッター
https://twitter.com/AbeShinzo
自民党 HP
https://www.jimin.jp/
首相官邸 HP
http://www.kantei.go.jp
Access Journal　アクセスジャーナル記者　山岡俊介の取材メモ
https://access-journal.jp
帝国議会会議録検索システム
http://teikokugikai-i.ndl.go.jp
国会会議録検索システム
http://kokkai.ndl.go.jp
リサーチ・ナビ国立国会図書館
https://rnavi.ndl.go.jp
日本会議
http://www.nipponkaigi.org

■参考新聞■
朝日新聞
読売新聞
毎日新聞
産経新聞
日本経済新聞
しんぶん赤旗
愛媛新聞
山口新聞
長周新聞

『月刊現代』「立花隆　安倍晋三への宣戦布告」（講談社）２００６年１０月号
『月刊現代』「これは報道機関の自殺である　共同通信が握りつぶした安倍スキャンダル」（講談社）２００６年１２月号
『月刊現代』「立花隆『私の護憲論』第１弾～第 10 弾」（講談社）２００７年７月号～２００８年４月号
『月刊ＷｉＬＬ』「自民党新人大討論２　『闘う政治家』こそ待望のリーダーだ！」 司会：稲田朋美（ワック）２００６年 10 月号
『月刊ＷｉＬＬ』「麻生総理よ　断固たる決意を！」 安倍晋三 （ワック）２００９年２月号
『月刊ＷｉＬＬ』「ＴＰＰは「日本壊国」宣言だ！」稲田朋美・田中康夫（ワック）２０１２年１月号
『月刊ＷｉＬＬ』「凄みが出て来た安倍晋三　岸信介のＤＮＡ」 大下英治（ワック）２０１５年２月号
『月刊日本』「戦後レジームを強化する安倍政権」（Ｋ＆Ｋプレス）２０１５年７月号
『月刊日本』「安倍政権と読売新聞は二人三脚だ」倉重篤郎 「安倍首相の司法介入を許すな」郷原信郎（Ｋ＆Ｋプレス）２０１７年１２月号
『Voice』「日中は『政冷経熱』で丁度よい」安倍晋三　葛西敬之（PHP 研究所）２００５年７月号
『月刊リベラルタイム』「『総理の娘』岸信介の長女 安倍洋子①～⑥ 」２００８年６月～２００８年１１月
『月刊正論』「父・岸信介と夫・安倍晋太郎の素顔」安倍洋子（産経新聞社）１９９３年８月号
『月刊 Journalism』「安倍政治の言葉と心理　言葉への誠実さ欠く二人のＡさん　素朴な『道徳的感覚』が怪しい」金田一秀穂（朝日新聞社）２０１８年９月号
『経済界』「細川隆一郎の政治家診断『新しい視点で憲法改正すべきです』第一三回　安倍晋三」（経済界）１９９５年６月２７日
『中央公論』「国家、戦争、侵略、靖国を語る」中曽根康弘（中央公論新社）２０１５年９月号
『噂の眞相』「人気と権力でメディアを支配する安倍晋三幹事長“清新な改革派”の虚実」本紙特別取材班（噂の真相）２００４年２月号

『週刊現代』スクープ「安倍晋三母子は人間ではない」松田賢弥（講談社）２００３年１０月１８日号
『週刊現代』「秘蔵写真で振り返る５２年　安倍晋三『銀の匙をくわえて生まれただけの宰相』」（講談社）２００６年１０月７日号
『週刊現代』「本誌が追い詰めた安倍晋三首相『相続税３億円脱税』疑惑　亡き父・晋太郎の『遺産』６億円と“出資者不明”の巨額献金」（講談社）２００７年９月２９日号
『週刊現代』「安倍昭恵夫人が本音告白！『夫にも、マスコミにもこの際、言わせてもらいます』」（講談社）２０１５年６月１３日号
『週刊ポスト』「安倍晋三幹事長の『留学経歴』もへんだぞ！」（小学館）２００４年２月１３日号
『週刊文春』「食卓の記憶 『父とのすき焼き』」安倍晋三（文藝春秋）２００４年１月１日・８日合併号
『週刊文春』「岸 信介はアメリカのエージェントだった！」（文藝春秋）２００７年１０月４日号
『週刊文春』「安倍夫妻『腹心の友』加計学園に流れた血税４４０億円！」（文藝春秋）２０１７年４月２７日号
『週刊新潮』「散り際の『安倍昭恵』」（新潮社）2018 年４月５日号
『女性セブン』「安倍晋三グレートマザーと３人の女」（小学館）２００６年９月２１日号
『女性セブン』「安倍昭恵さんの母・恵美子さんが語る『子供がいない娘の宿命』」（小学館）２００６年１２月７日号
『AERA』「安倍昭恵さん『子のない人生』を越えて」（朝日新聞出版）２０１６年８月８日号
『週刊朝日』「安倍晋三研究－家政婦は見た安倍・岸家三代」（朝日新聞出版）２００６年１０月６日号～２００６年１０月１３日号
『週刊朝日』「安倍逃亡　本誌がつかんだ全情報総力４０Ｐ」（朝日新聞社）２００７年９月２８日号
『週刊朝日』「安倍夫妻を結びつけた恩人が真相を激白『嫉妬深い晋ちゃんは昭恵さんの行動を知っていたはず』」（朝日新聞社）２０１８年４月２０日号
『サンデー毎日』「政界激震　安倍晋三官房副長官が語ったものすごい中身『核兵器の使用は違憲ではない』」（毎日新聞出版）２００２年６月２日号
『ＦＲＩＤＡＹ』「首相の成蹊大時代の恩師・加藤節名誉教授が喝！『安倍晋三くんは無知で無恥なずるい政治家です』」（講談社）２０１６年５月２７日号
『別冊宝島』「安倍晋三　その人脈と金脈「安倍政権」の基礎知識を完全収録！」（宝島社）２０１４年１０月１１日発売

野上《のがみ》忠興《ただおき》さん（政治ジャーナリスト）／第１章
1940 年生まれ。早稲田大学政治経済学部卒。 共同通信政治記者歴 20 年。現場取材では、主に官邸と自民党を担当。2000 年独立、執筆・講演・講師活動に。著作に『気骨 安倍晋三の DNA』『ドキュメント安倍晋三』『安倍晋三 沈黙の仮面』など。

ぼうごなつこさん（漫画家）／第１章
1974 年生まれ。『社会人大学院生のススメ：働きながら、子育てしながら博士・修士』（オクムラ書店）『知ってはいけない 隠された日本支配の構造』『知ってはいけない２ 日本の主権はこうして失われた』（ともに講談社）『女政治家の通信簿』（小学館）『THE 独裁者 国難を呼ぶ男！ 安倍晋三』（KK ベストセラーズ）などで漫画を担当。

内田《うちだ》 樹《たつる》さん（思想家・武道家）／第３章
1950 年生まれ。東京大学文学部仏文科卒業。神戸女学院大学名誉教授、合気道凱風館館長。専門はフランス現代思想、武道論、教育論等。『私家版・ユダヤ文化論』で小林秀雄賞、『日本辺境論』で新書大賞受賞、著作活動全般に対して伊丹十三賞受賞。近著『街場の平成論』（編集著／晶文社）、『善く死ぬための身体論』（共著／集英社新書）『武道的思考』（ちくま文庫）ほか著書多数。

contributor

山岡《やまおか》俊介《しゅんすけ》さん（アクセスジャーナル編集長）／第２章
寺澤《てらさわ》 有《ゆう》さん（ジャーナリスト）／第２章
前川《まえかわ》喜平《きへい》さん（現代教育行政研究会代表）／第２章
籠池《かごいけ》泰典《やすのり》さん（元森友学園理事長）、**籠池《かごいけ》諄子《じゅんこ》**さん／第３章

望月衣塑子

（もちづき・いそこ）

東京新聞記者。1975年、東京都出身。慶應義塾大学法学部卒。千葉、埼玉など各県警担当、東京地検特捜部担当を歴任。2004年、日本歯科医師連盟のヤミ献金疑惑の一連の事実をスクープし自民党と医療業界の利権構造を暴く。社会部でセクハラ問題、武器輸出、軍学共同、森友・加計問題などを取材。著書に『武器輸出と日本企業』、『新聞記者』（ともに角川新書）、『追及力』(光文社新書)、『THE独裁者 国難を呼ぶ男！　安倍晋三』（KKベストセラーズ）『権力と新聞の大問題』『安倍政治100のファクトチェック』（ともに集英社新書）など。

特別取材班

佐々木芳郎（ささき・よしろう）

写真家・編集者。1959年生まれ。関西大学商学部中退。在学中に独立。元日本写真家協会会員。梅田コマ劇場専属カメラマンを皮切りに、マガジンハウス特約カメラマン、『FRIDAY』（講談社）専属契約、『週刊文春』（文藝春秋社）特派写真記者、『Emma』（前同）専属契約を経て、現在は米朝事務所専属カメラマン。アイドルからローマ法王までの人物撮影取材や書籍・雑誌の企画・編集・執筆・撮影をしている。立花隆氏との共著『インディオの聖像』（講談社）は30年のときを経て制作予定。

「安倍晋三《あべしんぞう》」大研究《だいけんきゅう》

2019年6月5日 初版第一刷発行
2019年9月5日 初版第三刷発行

著者 望月衣塑子《もちづきいそこ》＆特別取材班《とくべつしゅざいはん》（佐々木芳郎《ささきよしろう》）

発行者 小川真輔

発行所 KKベストセラーズ
〒171-0021 東京都豊島区西池袋5-26-19
陸王西池袋ビル4階
電話03-5926-5322（営業）
03-5926-6262（編集）
http://www.kk-bestsellers.com

装幀 フロッグキングスタジオ
印刷所 近代美術
製本所 フォーネット社
DTP インタープレイ
編集協力 豊島智子
校正 ヴェリタ　鷗来堂

ISBN978-4-584-13905-9 C0095